Crédito para principiantes

Crédito para principiantes

Zaida Porto

Número de Control de la Biblioteca del Congreso de EE. UU.:   2013908629
ISBN: Tapa Dura   978-1-4633-5719-1
                 Tapa Blanda   978-1-4633-5718-4
                 Libro Electrónico   978-1-4633-5717-7

Para realizar pedidos de este libro, contacte con:
Palibrio
1663 Liberty Drive
Suite 200
Bloomington, IN 47403
Gratis desde EE. UU. al 877.407.5847
Gratis desde México al 01.800.288.2243
Gratis desde España al 900.866.949
Desde otro país al +1.812.671.9757
Fax: 01.812.355.1576
ventas@palibrio.com
467033

ÍNDICE

AGRADECIMIENTOS

Primero a Dios, por darme la sabiduría, y la oportunidad de demostrar que ha creado la mejor de sus obras, el ser humano. Gracias Dios por ser mi socio en los negocios. Te amo Dios!

A mi hermana Caridad, por confiar en mí y brindarme todo su soporte. A mis demás hermanos Maribel, Tita, Tito, Alexandra, Edgardo, Jorgito y Rosa agradezco sus mejores consejos.

A todas las personas que de una manera u otra dijeron presente en mi vida brindándome sus mejores recomendaciones.

DEDICATORIA

A mi padre Jorge Porto Catalá por compartir momentos importantes de mi vida, por enseñarme tus sabios consejos. Te amo mucho ¡papá!

A mi amado hijo Diego Peña, por enseñarme el don mas bonito que una mujer puede tener el de ser madre!. Gracias a los lectores mi obra se vio reflejada, por su dedicación, compromiso, respeto. Son ustedes mi mayor inspiración.

"Crédito es la llave que abre o cierra las puestas, de tu felicidad futura"

Por: Zaida Porto

INTRODUCCIÓN

Estamos viviendo en un mundo donde todo va de prisa. Tratamos de simplificar todo los aspectos de nuestras vidas, en el mundo actual, nos estamos enfrentando a diferentes circunstancias donde nos inunda la desesperación.

Se trata de una sociedad que van tan acelerada, viéndose reflejada la actitud de llevar todo con tanta prontitud que a veces no nos percatamos de los acontecimientos que ocurren a nuestro alrededor. Desde que comenzamos un nuevo día hasta que terminamos el mismo, nos vemos forzados en la mayoría de los casos a seguir con la misma rutina una y otra vez. Cada ser humano tiene una estrategia de asumir sus responsabilidades de una forma amena, simplificando nuestros problemas, o simplemente como venga las cosas en nuestro diario vivir. Tratamos de ajustar el tiempo, o intentamos que el tiempo se ajuste a nosotros, para realizar todas las tareas cotidianas "libres de estrés".

En la medida que nos sea posible intentamos acortar parte de nuestro tiempo delegando responsabilidades de cosas meramente importantes a personas que hasta a veces no nos brindan el verdadero apoyo que necesitamos. Si vamos a tratar de acomodar nuestros pagares de cuentas que nos roban pensamientos y tiempo acudimos donde los representantes bancarios del banco de nuestra predilección para pedirles un soporte con nuestros prestamos. Nos dejamos llevar por las personas que saben, cómo los son nuestros acreedores y prestamistas, no nos fijamos en los contratos que tenemos de frente, dejándonos llevar por sus bellas palabras.

Luego nos encontramos con la sorpresa que los términos y condiciones son más extensos que lo mencionado por la persona que nos lleno la cualificación de nuestro crédito. El trabajo del prestamista y de los acreedores es tener del lado de la empresa para la cual están trabajando los mejores intereses, y no en el bolsillo de los clientes. Tenga presente siempre cuando usted valla hacer un préstamo que estas personas no están en el mejor interés de que usted sepa todo lo relacionado al préstamo que está tramitando, simplemente porque no les conviene a ellos, de esta manera ellos pueden jugar con los intereses de su propio préstamo sin que usted se dé cuenta de lo que está sucediendo. Se hacen pasar por sus "amigos" para que usted firme el documento y no le explican el porqué de sus intereses. Pasamos por la vida con tanta prisa que no nos detenemos a leer los contratos, confiando en los representantes de servicios que nos están otorgando el negocio crediticio. Solo usted tiene la responsabilidad de saber cómo funciona su crédito, sino sabe pregunte, pregunte y pregunte para eso están esas personas para no dejarlo a usted con dudas, es su DERECHO y su DEBER preguntar y preguntar no se sienta mal por ello.

El hecho de no saber sobre el tema de las finanzas no es culpa en su totalidad de nosotros en este sentido tubo que influenciar nuestra crianza y la educación que recibimos de nuestros padres con lo relacionado al tema de las finanzas. Entran diferentes factores, como lo es la escuela ya que pasamos por los menos ocho horas diarias de lunes a viernes en un plantel escolar que junto a sus padres, recibiendo todo tipo de enseñanza por parte de la escuela, colegio o institución. Es un tema que esta herméticamente cerrado para todos nosotros, es un tema tabú, ¿cómo se ha convertido un tema tan importante en un tabú? Sencillo, no nos a atrevemos a hablar con nadie sobre esto pensando en nuestro interior que el tema solo debe incluir saber que si coges fiado lo pagas y ya! ¿Pero que ocurre con lo que verdaderamente pasa en el contenido del préstamo? ¿Qué significan los intereses? ¿Porqué pagamos y pagamos y vemos que no terminamos en un tiempo razonable? ¿Qué son las tarjetas de crédito, como se manejan?

En la actualidad a la mayoría de los jóvenes se les otorga tarjetas de crédito sin antes haber terminado su 4to año. Si estos jóvenes no saben nada del tema de las finanzas como se pretende que aprendan a manejar los intereses de las tarjetas de crédito, si nunca han recibido por parte de la escuela un curso de cómo manejar el dinero. Sin el debido conocimiento del tema de las finanzas ni de la manera de cómo funciona el dinero los jóvenes de generaciones futuras no se encuentran preparados para sobrellevar el mundo del crédito. Es mi opinión personal la preparación de estos jóvenes debe de comenzar a temprana edad en la escuela.

Es un compromiso con nosotros mismos tratar de aprender sobre este tema, de esta manera en la gran carrera de la vida se nos hará más fácil afrontar los problemas financieros. Nos dejamos llevar por las modas, las palabras de las generaciones y sin olvidar la tecnología que es un excelente adelanto para todos nosotros. Pero con relación al tema del dinero hay persona que lo ven como algo malo o algo deshonestos. Con ese tipo de mentalidad están criados algunos y para tratar el tema de las finanzas hay que cambiar de paradigmas, moverse a hacia otra manera de pensar que envuelva una madurez absoluta. Para algunos tal vez el dinero sea la "perdición del hombre" como lo estipula la biblia, pero sin esa "perdición" no podemos ir al supermercado hacer una compra, o al banco a pagar las cuentas y la hipoteca de la casa, etc. Es bueno visualizar el tema del dinero como algo natural como lo es el tema de la salud o del sexo.

Si deseas ingresar al mundo del crédito este es un buen enlace para que puedas desarrollar tus habilidades a nivel de planificador financiero. Si por el contrario ya estás en el, aquí encontraras herramientas necesarias que te ayudaran a obtener mejores resultados en tus números crediticios llamados empírica.

Cada día que pasa en tu vida es una nueva experiencia, encuentras gente nueva por doquier! Y las experiencias vividas son únicas e irrepetibles. A veces tenemos meses bueno y otros no tan buenos. Solo recuerda que no importa por el problema que estés pasando, hay que continuar viviendo!

En este libro encontraras herramientas para sobrellevar la crisis financiera, si estas pasando por alguna en estos momentos, recuerda que cuando estamos en el fondo del problemas es en ese momento que surgen ideas, y uno tiene que llegar al fondo para darse cuenta de lo que está sucediendo. Una de las cosas que hace feliz a un ser humano es lo que llamamos calidad de vida. Dentro de la individualidad del ser humano, la calidad de vida tiene un significado distinto, tal vez las cosas que a usted le gusten no necesariamente, me tiene que gustar a mí. Lo que si le digo mi querido lector es que cuando pasamos por un momento difícil en nuestras vidas ni la calidad de vida nos interesa.

Es bueno tener un buen crédito para obtener una mejor calidad de vida, porque nos ayuda a obtener esos antojitos o gustos que tanto nos agrada. Si por el contrario es de los tantos que tienen un crédito regular, no se preocupe en este libro le daremos unas sugerencias para llegar a ser un ganador en esta gran carrera crediticia, donde su meta es saber conservar su crédito, para toda su vida.

Este libro le da a usted un significado que debe llevar siempre presenten en su mente. La educación temprana en la finanzas y el manejo adecuado del crédito en un legado fundamental que usted le debe dejar a sus hijos y nietos. Tenga en cuenta una cosa que la educación crediticia es el proceso mental por el cual resolvemos nuestros problemas financieros.

Mi trabajo consiste en ofrecer consejos que le sirvan de ayuda para que pueda adentrarse al mundo crediticio con un amplio conocimiento, logrando de esta manera que usted pueda tratar de alcanzar sus metas a corto y a largo plazo.

¡LO QUE NO TE ENSEÑAN!

Para la época en que me criaba y cursaba estudios elementales, me esmeraba por ser la mejor de la clase. Siempre me llevaban a la escuela puntualmente, mis trabajos eran lo mejor de lo mejor, me gustaba mucho participar en clase. En las materias de matemáticas, español e ingles era bien sobresaliente. Así curse el sexto, noveno y cuarto año graduándome con las mejores notas, los muchachos de la clase decían que era ¡estofona!.

Pero hubo una materia en particular que hoy en día yo la considero una de las más importante. Se trata del crédito, si a nosotros desde la escuela intermedia nos enseñan a trabajar las finanzas y cómo funcionan los intereses de los prestamos, autos e hipotecas, yo les garantizo que su conocimiento creditico es otro.

Una de las cosas que no me enseñaron en la escuela es a trabajar mis finanzas, como puedo hacer que mi dinero rinda, y como puedo hacer que mi crédito no se vea afectado, si integraran un currículo completo de finanzas en donde el alumno lo pueda aprender desde el sexto grado, cuando llegue a la adultez, puede desenvolverse por la vida con otros principios. En la escuela no te enseñan a trabajar tus finanzas, debido a que el desconocimiento suyo, el cual en algún momento fue también el mío, le conviene a los grandes ejecutivos de los banco, deallers de autos, y otras entidades que prestan sus servicios financieros. En la actualidad el desconocimiento suyo es de vital importancia para las instituciones financieras, pues de esa manera son ellos los que exclusivamente, manejaran su caso sin la intervención de usted mismo. Es como un juego en el cual es usted en la mayoría de los casos el más perjudicado sin darse cuenta.

¿Alguna vez ha asistido a una institución para pedir un préstamo? Supongo que sí; si no lo ha hecho aún pues llegará el momento, ¿y sabe qué? Nunca le explican cómo son los intereses a menos que usted se lo pregunte, (OJO: en la mayoría de los casos no le explican nada relacionado a los intereses) y hasta la pregunta que usted les haga le es de molestia para los prestamistas. Y volvemos a los mismo es ¡un tema tabú!, debí de haberle puesto a este libro: "Finanzas el tema tabú". Es de suma importancia que tenga presente que es su DERECHO realizar todas las preguntas habidas y por haber en cuanto a su préstamo se refiere y es el DEBER del prestamista y/o acreedor contestarle todas y no dejarlo con dudas.

Lamentablemente en nuestra cultura vivimos con el pensamiento equivocado de que no nos atrevemos a preguntar absolutamente nada, pensando que nuestras preguntas puedan incomodar a estas personas. Si es usted una de las personas que tiene esa manera de pensar, trate de desligarse de la misma. Tenga en mente una cosa que usted está en toda su obligación al realizar todas las preguntas pertinentes y no quedarse con ninguna duda con relación a su préstamo. Ósea, es usted quien va a pagar un préstamo por lo menos de dos a cuatro años y a ellos les molesta que uno haga preguntas!!! Caramba, como si fueran ellos los que le van a pagar a usted las mensualidades. Sea astuto, mi querido lector y no se deje confundir, ni mucho menos manipular por estas personas. Recuerde su crédito es un derecho, no un favor que le están haciendo los banco, las instituciones financieras ni mucho menos los deallers. Si fuese un favor, pídale que le paguen al menos las primeras seis (6) mensualidades, no lo cree!!! Jajaja!.

En los años 2011 y 2013 realice un cuestionario en el cual se ve reflejado el poco o ningún conocimiento sobre el tema de las finanzas y la manera de cómo deben manejar su crédito los participantes que fueron encuestados. Las siguientes preguntas fueron realizadas a personas mayores de edad, de diferentes edades, y diferentes niveles sociales. El cuestionario demostró que hay demasiado desconocimiento sobre el crédito y las finanzas, las personas encuestadas no tuvieron la oportunidad de aprender estas materias en las escuelas. Una de las cosas que me llamo más la atención de este cuestionario fue que; en la escuela no les otorgan un currículo que valla dirigido al tema de las finanzas, ni de cómo deben de bregar con su crédito, factores que son bien importantes en la vida de todos los seres humanos. La falta de educación financiera es el punto culminante para que una persona no sepa de ante mano como trabajar una crisis financiera.

El mundo se encuentra en constantes cambios. Cambios que nos ayudan a crecer como seres humanos individuales y esos cambios son asombrosos sobre todo en el área de la tecnología que yo soy una fiel fanática de ella. Pero, que hay con la educación no está enfrentando cambios como los está haciendo el mundo en su gran ímpetu de transformación. En ese sentido la educación se está quedando atrás porque aun no han integrado en las escuelas curos de finanzas a los jóvenes estudiantes que se deben de enfrentar al mundo en transformación con poco o ningún conocimientos de este tema tan importante. A los jóvenes en la mayoría de los casos se les entregan tarjetas de crédito antes de terminar la secundaria, sin tener una educación crediticia que los ayude a escoger las mejores tasas de interés. Saber bregar con los altos intereses de las tarjetas de crédito es un concepto que se aprende a diario teniendo el control absoluto de las mismas. Control que muchas veces se les pierde a las personas por la euforia para comprar y gastar generado por la publicidad a la cual nos enfrentamos en nuestro mundo de constante cambio. Si una persona no ha obtenido en su vida ninguna ayuda de sus progenitores y/o tutores que les hayan enseñado algo sobre las finanzas o en algún momento dado de su vida estudiantil no fue adiestrado en cursos de capacitación financiera, se le hará difícil comprender los intereses compuestos de las tarjetas de crédito. La falta de educación financiera en las escuelas hace más difícil que una persona se capacite para comprender sus activos – ingresos, pasivos -gastos con los que se tiene que enfrentar diariamente. La mayoría de las personas utilizan su crédito de una manera incorrecta ya que no se encuentran preparados para enfrentar el mundo crediticio que les rodea.

Se acuerdan del famoso juego de monopolio, donde uno compraba y compraba propiedades para tener más y más activos los cuales podían ser vendidos y luego tener dinero para seguir comprando más propiedades. Mi padre nos decía cuando jugábamos ese juego: "la persona que termine y sea el ganador del juego, se encuentra preparado para ser un buen administrador de sus finanzas en el futuro". El objetivo del juego era educar a los jugadores en el área de la contabilidad creando inversionistas, dos materias difíciles de dominar, pero de igual importancia como los son las matemáticas, español e inglés enseñadas en las escuelas. En mi opinión, tener una base financiera que se obtenga desde el hogar y se siga aprendiendo en el colegio o escuela capacita a las personas para enfrentar un mundo donde el gasto es predilecto en demerito del ahorro.

VIVENCIAS

Recudo la primera vez que fui a pedir crédito en una institución bancaria de renombre (la cual no mencionare por no lastimar la sensibilidad de dicha institución☺). Me hicieron esperar una hora y cuarenta y cinco minutos, luego investigaron mi crédito. Me encontraba nerviosa ante tantas pregustas realizadas ese día por la representante. Luego de tanta espera, me indica la representante, que el préstamo de mil dólares ($1,000.00), que yo solicité, fue denegado por no tener suficiente historial de crédito. ¿Cómo iba a tener un historial de crédito si acababa de cumplir los veintiuno (21) años?… para mí eso era totalmente ¡absurdo! En adición a eso, la representante me indicó que si deseaba tener un préstamo en ese banco tenía que ser uno que tuviese garantía, ósea que yo depositaba la cantidad de los $1,000.00 en una cuenta bancaria, la cual le garantizaba al banco que el dinero sería devuelto y de no pagarlo ellos se quedaban con el dinero de la cuenta.

Esta historia no termina ahí, luego de explicarle que mi visita a esa sucursal era con el propósito de convertirme en un completo adulto con responsabilidad crediticia, se vio empañada cuando esa persona me explicó que ese banco, era muy sigiloso y selectivo a la hora de prestar dinero.

No todo estaba perdido, la representante me dijo: "Señorita Porto, usted se puede dirigir a una financiera, de seguro le podrán otorgar el préstamo por la cantidad que usted está solicitando. Bueno para aquel entonces me encontraba en la desesperación de "abrir" crédito por primera vez y darme los lujos que para aquel entonces tenía pendiente, accedí a la información que me proporciono en aquel momento la empleada.

A ese tipo de banco, les conviene enviar cliente para esas instituciones y se debe a que el interés por el cual te otorgan el préstamo solicitado en las financieras es más alto, que el interés que otorgan los bancos. La mayoría de las financieras en mi país, están subsidiaras por los bancos. Es por tal razón que estas financieras reciben muchos referidos de las instituciones bancarias, el volumen de personas que desconocen cómo funcionan los intereses prestatarios de las subsidiaras financieras es de tal magnitud, que ellas las instituciones financieras se lucran del desconocimiento ajeno.

La mayoría de los acreedores, representantes del banco, que visualizan su historial de crédito, y lo que usted se gana al año, es con el único propósito de clasificarlo a usted como un cliente potencial, o cliente promedio. Casi todas las personas que tienen un ingreso de menos de $30,000.00 dólares anuales, obtienen préstamos en las instituciones financieras, ¿por qué? Pues porque les conviene a los bancos que esto suceda, de esta manera ganan más dinero, enviando al cliente a una de sus subsidiaras. El banco le presta a un cliente promedio al más alto interés que puede fluctuar entre el 4.95% hasta un 17.95%* de interés mensual por un préstamo personal, todo depende en gran medida de su historial de crédito. En cambio una subsidiaria del banco en este caso financiera sus intereses fluctúan entre un 8.95% hasta un 29.95% imagínese! Si usted toma dinero al 29.95% de interés mensual por la cantidad de 24 meses le estaría devolviendo a la institución el 30% por cada cien dólares que le hayan prestado. Eso sin mencionar los costos de seguros de vida, que casi siempre sin preguntarle a usted se los suman en su cuenta. Por tal razón es indispensable que si usted no está de acuerdo con algo lo mencione antes de atarse de manos a un contrato en cualquier institución.

Una persona que posee un ingreso de sesenta mil ($60,000.00) dólares anuales es considerada por los bancos e instituciones financieras como un potencial cliente. El tipo de interés prestatario para este tipo de cliente fluctúa entre el 4.95% hasta el 8.95% no es lo mismo devolver un 5% de interés por cada cien dólares que devolver 30% por cada cien. Estamos hablando de 25% de diferencia, es decir veinticinco ($ 25.00) dólares por cada cien ($ 100.00) dólares, y eso para una persona que tiene un sueldo promedio es demasiado dinero. Y de esta manera etiquetan a sus clientes. Cuando una persona tiene un ingreso potencial de algunos cien mil ($100,000.00) dólares anuales, por lo general no emplea tanto en su crédito como lo hace una persona que gana unos veinticinco mil ($25,000.00) dólares anuales. Una persona que tiene ingresos prominentes de algunos ($250,000.00) dólares anuales, emplea su crédito para inversión dándole oportunidad a que su dinero siga generando más entradas.

Recuerde el crédito NO es un favor que le están haciendo estas agencias, El crédito es un deber que tenemos todas las personas.

Y sigo narrando mi historia, luego de esto, decido ir a la financiera, y cuando me dan el préstamo me lo dieron en aquel entonces al 29% los intereses, no me explicaron absolutamente nada, pregunte y hasta se molestaron por mis preguntas. Después de todo

---

* Esto es solo un ejemplo no necesariamente es el interés que otorgan los bancos.

lo aprendido, me di cuenta que solo fue una cogida de PEND... En aquel entonces debía obtener el préstamo, pues necesitaba "abrir" crédito si quería ingresar en el maravilloso mundo crediticio.

Una de las ventajas para abrir crédito lo tienen las mueblerías o tiendas de enceres electrodomésticos. Las personas van sin experiencia de crédito, llenan una solicitud para adquirir alguno de los siguientes enseres: lavadora, nevera, estufa, televisor LCD de 52" etc. Le pueden proveer dicho artículo en la mayoría de los casos, sin la necesidad de un co-deudor o garantizador. Tomar un artículo de una mueblería es lo que se conoce como préstamo con garantía o préstamo garantizado, lo que se adquirió es aun de la mueblería, hasta que usted salde la deuda del préstamo en su totalidad. Obviamente si usted no paga lo que cogió en el periodo de tiempo establecido en el contrato en la mueblería, tendrá al empleado de los muebles buscando los enseres que usted no pudo pagar.

Hay veces que nos enfrentamos con aspectos de nuestras vidas donde no nos encontramos preparados para afrontar. Por ejemplo el desempleo, o la muerte inesperada de un familiar proveedor del hogar, quien pagaba todas las deudas de la casa. Por tal razón es indispensable que se mantenga la cordura cuando usted se encuentre en una mueblería, trate de obtener los artículos por separado y trate de comprar artículos a crédito pero que sean uno o dos a la vez, no se embrolle de tal manera que luego se encuentre con la sorpresa o con el inconveniente de que se quedo desempleado. Recuerde a las mueblerías y sitios donde usted toma las cosas a crédito no les importan sus problemas personales, ellos tienen que velar por los intereses de las compañías. Trate siempre de tener un orden con el aspecto de las cuentas por pagar para que no se les acumulen, mientras menos deudas tenga usted mucho mejor será para su familia. Y en vez de pagar intereses puede economizar ese dinero poniéndolo en una cuenta bancaria que genere intereses para usted, y no que usted se lo tenga que pagar al banco atreves de préstamos.

Otra manera efectiva de comenzar con su crédito es en una cooperativa. Por lo general en ellas encontraras una variedad de productos, y le podrán brindar uno de esos productos según tus necesidades. Tengo entendido que las cooperativas trabajan de la siguiente manera. Te piden que abras una cuenta de ahorro o de cheque, y que deposites diez dólares ($10.00) en una cuenta de acciones. Luego si usted desea abrir crédito, le piden que realice un prestamos por la cantidad de dinero que tenga acumulada en sus acciones, con la garantía de que si usted no paga el prestamos, las acciones que tenga acumuladas que son igual o mayor a la cantidad adeudada, saldaran el préstamo por usted.

> Ejemplo:
> Si la cantidad prestada fue de mil dólares ($ 1,000.00), y el dinero que hay en sus acciones es de mil quinientos ($ 1,500.00), se cobra la cantidad adeudada (los $1,000.00) y el sobrante ($500.00) se queda en su cuenta de acciones.

Lo bueno que tiene este tipo de préstamo es que en añadidura a su pago mensual te estarán cobrando unos diez dólares ($10.00) para que lo sigas ahorrando en tu cuenta de acciones y de esta manera realizas el buen hábito de ahorrar☺.

En la mayoría de los casos las cooperativas tienen productos más atractivos para los clientes que deseen abrir crédito por primera vez que en los mismos bancos. Recuerda que en un banco se dejan llevar por tu experiencia de crédito y ¿si no posees ninguna experiencia de crédito como te darán el dinero?

Durante los años 2010 hasta principio del 2013 realice unas encuestas a diferentes personas localizadas en distintos sitios. Me llevo alrededor de tres años recopilar la información, con la ayuda de amigos y amigas que me dieron una mano, puede llegar a mi meta. El cuestionario fue realizado en oficinas, escuelas, diferentes comercios, por correo electrónico, así como también a transeúntes. Mientras iban llegando los documentos a mis manos, yo los ingresaba en una base de datos toda la información obtenida.

Documento utilizado para realizar el estudio:

Encuesta

Instrucciones:

Lea cuidadosamente la pregunta y escoja una contestación, por favor **NO** escriba su nombre. La siguiente encuesta es solo para personas mayores de 18 años, la misma nos brinda la oportunidad de obtener datos específicos.

Sexo:

M___

F___

Edad: ____

1. ¿Sabe que es un acreedor? Si ____ No ____

2. ¿Sabe que es un co-deudor? Si ____ No ____

3. ¿Sabe que leyes lo protegen como consumidor? Si ____ No ____

4. ¿A la hora de obtener un préstamo, la persona que le atiende, le ha orientado sobre todos sus derechos? Si ____ No ____

5. ¿En la actualidad, tiene usted crédito? Si ____ No ____

6. ¿En la escuela, le enseñaron a usted sobre el crédito? Si ____ No____

7. ¿A qué edad fue su primera experiencia de crédito? Edad: ____

Gracias por participar!

¿Contéstate que no a alguna de las preguntas mencionadas anteriormente? No se preocupe es como la inmensa mayoría que desconoce sobre la información que protege su crédito. Pero en este libro estamos para ayudarle a que comprenda mejor el proceso de cómo administrarse.

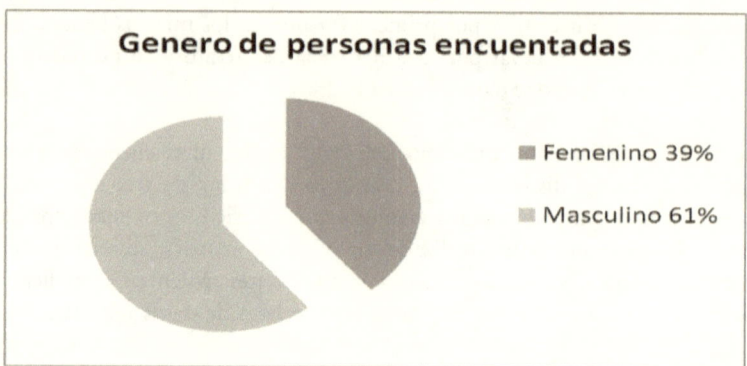

Según la leyenda de la grafica que se presenta anteriormente se llegaron a encuestar a 100,000 mil personas de los cuales el género en su mayoría son hombres. Claro esta no realice dicha encuesta sola utilice diferentes recursos de amistades que distribuían el documento a diferentes personas y pude llegar a esa cantidad. La intención de dicho análisis era saber dónde estaba la gente ubicada con lo relacionado a su crédito y los descubrimientos fueron sorprendentes. Si utilizara toda la información de este cuestionario explicando sobre los hallazgos obtenidos tendría que escribir otro libro, solo les facilitare lo obtenido en porcientos. A continuación una tabla simplificada de los resultados obtenidos en porcentajes, si se fija la inmensa mayoría contesto que no a las preguntas del cuestionario dando a demostrar la desinformación que tienen las personas en cuanto a lo referente de este tema:

Preguntas	Si	No
¿Sabe qué es un acreedor?	20%	80%
¿Sabe qué es un co-deudor?	17%	83%
¿Sabe de las leyes que le protegen como consumidor?	25%	75%
¿El representante del banco, le orienta sobre sus derechos?	16%	84%
¿Actualmente tiene usted crédito?	35%	65%
¿Le enseñaron en la escuela sobre lo que es el crédito?	13%	87%

Para la pregunta número siete (7) la considerable multitud de gente que lleno el cuestionario, comenzaron con su crédito a los 21 años, que es lo que estipula la ley en mi país. En otras partes del mundo comienzan a obtener experiencia de crédito ya a los 18 años, y en algunos estados de Estados Unidos a los 16 años pueden obtener una tarjeta de crédito, con un límite de hasta $300.00 dólares si demuestra que tiene un empleo part-time.

Hay personas que tuvieron escases de cosas en su infancia, cuando saben cómo adquirir las cosas se enfrenta a los impulsos de querer obtener todo lo que no han tenido en un pasado. Y hasta de ayudar a sus familiares más cercanos, esto se comprende en gran medida. Pero el crédito no funciona así. Te van dando más y más cuando les demuestres a los banco que sabes administrar pequeñas cantidades, es entonces que va en aumento lo que se conoce como línea de crédito. Conozco casos de personas que han comenzado con una línea de crédito de quinientos $500.00 dólares, y les han llegado a aumentar hasta un millón $ 1,000,000.00 de dólares, para establecer negocios. Claro esta el camino que han tenido que recorrer para llegar a esa cantidad ha sido arduo y sacrificado, involucrando una serie de factores como un buen análisis de las finanzas y obviamente la ayuda de un contable.

INTERÉS

Los intereses son un índice utilizado para calcular la rentabilidad de los ahorros en cuentas bancarias. En adición mide el precio de su crédito siendo este mayormente el más utilizado. Es manejado por los bancos e instituciones financieras, expresado generalmente como un porcentaje o prima. Se manipulan en forma de tabulación donde es el banco quien ordena según su historial crediticio que porcentaje se le estará cobrando en sus préstamos. El interés puede ser negociable si la persona, posee la capacidad adecuada para dejarle saber a sus prestatarios que puede obtener porcientos beneficiosos debido a su buena experiencia crediticia y no primas de usura. Una persona usurera es sinónimo de ladrón, ya que la usura es la acción de prestar dinero cobrando el mismo, a un interés excesivamente alto, sacando provecho de las personas a las cuales se les presta el capital.

El tipo de interés indica dos asuntos importantes, cuando se trata de ahorrar dinero los intereses muestran qué porcentaje se obtendrá, como beneficio por el tiempo del dinero guardado en una institución bancaria. Es usual aplicar el interés sobre períodos de un año, aunque se pueden utilizar términos diferentes como meses o el número de días.

El tipo de interés puede medirse como el tipo de interés nominal o como la tasa anual equivalente. Ambos números están relacionados aunque no son iguales. El interés nominal conocido también como el tipo de interés nominal (TIN) es el porcentaje que se añadirá al capital cedido como estipendio por un tiempo determinado que no necesariamente va a ser un año. Ejemplo si quisiéramos contratar un depósito de ahorro al 15% por un valor de mil dólares ($1,000.00) dentro de tres años obtendríamos una ganancia de ciento cincuenta dólares ($150.00) si lo visualizamos en términos de formula seria (15% / 3) = 5% anual. Exclusivamente en el caso de las cuentas de ahorro, cheques o cualquier tipo de cuenta donde se haya estipulado en el contrato.

Cuando se trata de préstamos habría que calcular el interés mensual por el término que se haya escogido, debe de comenzar en seis meses hasta un periodo de tiempo no mayor a los cinco años, recuerde, dependiendo de lo que se presente en su historial de crédito se llega a una negociación para pagar los intereses en dicho periodo estipulado bajo las clausulas de un contrato entre usted y la institución prestadora. Además se negocian ciertos tipos de seguros; incapacidad, vida, desempleo, dependiendo del tipo de préstamo acogerse, su cantidad es divisible mensualmente para adjudicarla en su libreta de pagos. Recuerde que los intereses son más altos durante los primeros meses de su prestamos reduciendo los mismos en los últimos meses adjudicando una cantidad mayor al principal en su préstamo.

La tasa anual equivalente (TAE) es una referencia colocada al precio o rendimiento efectivo de un producto financiero. La diferencia entre el interés nominal y la tasa anual equivalente, es que esta ultima recoge los egresos y las comisiones, es decir, la devolución completa que recibe el propietario del dinero por cederlo temporalmente, en periodos de días, meses o años todo depende de lo acordado en el contrato. La TAE no incluye los gastos que el cliente pueda incurrir, como los consumos de transferencias de fondos, los que se acreditan a terceras personas o compañías, retribuciones, honorarios notariales e impuestos. O los gastos por seguros o garantías, salvo primas destinadas a responder a la entidad el reembolso del crédito en caso de fallecimiento, incapacidad o desempleo, siempre y cuando la institución financiera los imponga en su contrato para la concesión del crédito.

En cuanto al interés en las tarjetas de crédito los mismos son negociables si usted ha demostrado ser un potencial cliente quien es aquel que refleja en su historial de créditos pagos mensuales satisfactorios. Le ayuda también que otras entidades financieras les ofrezcan sus productos con intereses más cómodos a los que usted obtuvo en el banco de su predilección. Esto es lo que se llama competencia del mercado. Claro está nunca acepte ni un porciento más alto de intereses aunque le regalen un reloj u otro artículo, se de gente que han llegado a este tipo de negociación y a la larga han salido bien perjudicados. Sea precavido siempre, recuerde que las personas que ofrecen las tarjetas de crédito ganan una comisión por obtener clientes para los bancos o instituciones para las cuales son empleados. Cuando se ponga en contacto con un representante de la institución o banco donde usted tiene su línea de crédito hágale saber su intención de trasferir el saldo de sus tarjetas de crédito a otra institución donde le han ofrecido intereses más bajos que los que tiene actualmente, asegúrese por favor de que esto sea así y no una mentira suya☺. El banco tendrá solo dos opciones o le reduce y mejora la oferta o simplemente le dice que no puede hacer ese negocio y que usted se acoja lo ofrecido por parte de la otra institución realizando cabalmente la transferencia. Yo le garantizo que si usted es un cliente estrella en dicho banco créame que por no dejarlo ir, le mejoraran el ofrecimiento y el interés involucrado.

QUE ES EL CRÉDITO

No se puede precisar desde cuando ocurrió el primer caso con relación a una persona que obtuvo crédito. Comenzare por decir que el trueque existe desde épocas ancestrales. El trueque nació desde el momento que una persona tenía la obligación, la escasez de comida o de una cosa. El ser humano siempre ha tenido la necesidad de cambiar cosas que posee por aquellas que no posee.

Eventualmente hizo su aparición el crédito, donde el ser humano intercambia su capacidad crediticia y de confianza para obtener sus bienes. Es una práctica que existe desde tiempos inmemorables. Los antiguos comerciantes intercambiaban materia prima por artículos artesanales, o productos elaborados a cambio de otros que el artesano no producía. El sistema de intercambio o trueque de mercancías impulsó al hombre a solicitar crédito para sus actividades agrícolas a otras personas, quienes por lo general eran representantes de la iglesia. En los pequeños mercados era donde se originaron los primeros trueques entre una gran variedad de artículos, por ejemplo: herramientas, lanzas, zapatos, collares y hasta productos agrícolas.

Hoy en día, en algunos mercados se siguen usando este tipo de transacciones. Más tarde, apareció el dinero, y las personas obtenían sus artículos de necesidad a cambio del dinero.

El crédito es un préstamo ya sea en dinero o en algún bien inmueble o mueble, donde la persona que lo solicita se compromete mediante un contrato a devolver el dinero prestado, o a pagar el bien inmueble por un tiempo determinado y eso se estipula antes de comenzar a pagar los cánones que se establecen en el contrato. El crédito te permite financiar tus compras de bienes y servicios bajo las condiciones establecidas en el contrato. En adición hay que pagar intereses, seguros y costos adicionales si los mismos están estipulados en los documentos del acuerdo.

Es también el cambio de una riqueza presente por una futura, basado en la confianza y responsabilidad que se concede al deudor. Se considerará crédito, al derecho que tiene una persona acreedora a obtener de otra persona deudora una cantidad monetaria. Es además la capacidad que posee un individuo de cumplir a cabalidad la liquidez del bien obtenido, al cumplimiento de una obligación contraída.

Recuerde que:

CRÉDITO es igual a
RESPONSABILIDAD

LEY DE PROTECCIÓN DEL CRÉDITO AL CONSUMIDOR FAIR CREDIT REPORTING ACT (FCRA)

Es la ley que regula el uso de informes de crédito, como herramienta principal de los consumidores protegiéndose de los acreedores con prácticas abusivas del sistema de Informe de Crédito. Estipula que el informe de crédito del individuo solo puede ser divulgado con la autorización del individuo a personas correctamente identificadas con un propósito en específico. Un ejemplo de esto es cuando usted va al banco o a una tienda a buscar una aprobación de un producto en particular, ya sea para la compra de una casa, auto o para obtener una tarjeta de crédito; sé utiliza su número de seguro social para indagar en su historial de crédito para ver como se encuentra el mismo.

Si alguna vez ha comprobado su informe de crédito y ha encontrado un error, usted debe de saber sus derechos legales. De hecho, todas las personas deben de familiarizarse con la Fair Credit Reporting Act (FCRA) en adelante la nombrare por sus siglas. Ley que fue aprobada por el Congreso en el año 1970 y aplicada por la Comisión Federal de Comercio. Legalmente la FCRA protege al consumidor al exigirle a las agencias de crédito que le proporcionen información correcta y completa a las empresas que soliciten un historial de crédito para su evaluación. Estos informes generalmente se utilizan para evaluar a los solicitantes de préstamos, tarjetas de crédito, para otorgarles empleo o algún tipo de seguros.

Debe de ser únicamente divulgado a aquella persona que lo utilizará para evaluar alguna transacción de crédito, como lo son los banco e instituciones financieras, etc. O ya sea para empleo, vivienda, seguro, determinar elegibilidad para alguna licencia o algún otro beneficio de gobierno o comercial. Corresponde tener completa autorización de parte suya.

La FCRA, le otorga el derecho solo a usted de saber si le han reportado a las diferentes agencias de crédito su informe crediticio, y de tener algún error en dichos informes, pide usted que se realice una investigación sobre la información obsoleta estableciéndose el derecho de corregir toda información errónea. Es tanta la data que hay en estos sistemas que muchas veces por error se intercambia información suya con la de otros clientes y se les colocan cuentas a usted que no le pertenecen. Es de suma importancia que por lo menos una vez al año usted investigue como esta su historial de crédito. Este tema lo retomaremos en capítulos posteriores.

Durante la investigación el acreedor no es quien resuelve la disputa. Quienes resuelven el conflicto son las oficinas que tienen su base de datos como lo son Equifax, Expediam y Trans Union, usted puede agregar una declaración, de cien (100) palabras o menos, explicando su versión de la controversia. Normalmente las oficinas de crédito incluyen su declaración en los informes futuros. Por ejemplo, si usted paso por el trago amargo de un divorcio, teniendo un préstamo en conjunto con su ex cónyuge y el mismo está incumpliendo con su deber de pagar, usted puede explicar que no es su culpa. Debe de incluir evidencia de divorcio junto con la carta, declarando su situación y las fechas tienen que coincidir, no va usted a decir que se divorcio antes de haber tenido las cuentas en perdidas. No le van a creer su historia. Si su caso está siendo evaluado por estas personas para una aprobación o para un rechazo esta afirmación podría hacer la diferencia.

Lo mismo ocurre cuando nos enfrentamos a una enfermedad y dejamos de trabajar por un tiempo, que sucede, se nos atrasa todo. Si usted prepara una declaración enviando copia de que usted recibió tratamiento para su enfermedad o condición en ese periodo de tiempo, esta información es bastante contundente para que ellos le den una segunda oportunidad. Tenga en mente que la decisión es de ellos.

Por lo general cuando las cosas son por despido (y es bien difícil pasar por esta situación, y más cuando uno tiene familia, hipotecas, carros, cuentas, etc. y para el colmo ser despedido) ellos se tornan un poquito intransigentes, para esto hay que trabajar la declaración de otra forma. No es difícil demostrarles a ellos la prueba necesaria y contundente para que ellos vean que es cierto lo que usted esta alegando y que no se trata de un engaño.

Las agencias le enviaran carta solicitando los documentos que confirmen su situación actual.

Bajo esta ley, usted puede también disputar artículos inexactos como los son las indagaciones, y si son demasiadas le bajaran la empírica.

Le informo que cada vez que alguien le indague en su historial de crédito sin la debida aprobación de usted, esto es demandable.

> Usted supo que:
> La empírica es sumamente importante en su historial de crédito, y si usted realiza muchas indagaciones en un corto periodo de tiempo se convierte en un cliente de alto riesgo, y no le prestan absolutamente nada...

Por último si mostrando todas las evidencias a su favor aun no ha podido resolver su conflicto de información equivocada o errónea, con una de las oficinas de informe de crédito y aun así se siente que le están violando sus derechos puede hablar con un abogado. Según la ley "Fair Credit Report Act" en las secciones 616 y 617 le permiten a usted demandar por "INCUMPLIMIENTO INTENCIONALES" o "FALTA DE CUMPLIMIENTO NEGLIGENTE". Esto puede resolverlo cabalmente su asesor legal.

FAIR CREDIT BILLING ACT

Es la ley que protege al consumidor de diferentes acreedores o agencias de cobro. La ley exige que se establezca una investigación para corregir cualquier error, información obsoleta, información negativa e incorrecta de su informe de crédito. Dicha investigación no debe de exceder los treinta días (30) con una respuesta al consumidor, corrigiendo dicho error. Se maneja suficiente base de datos en diferentes partes del mundo, por tal razón es indispensable que sea usted quien este bien pendiente todos los años de su informe de crédito.

FAIR DEBIT COLLETION PRACTICES ACT

Esta ley fue creada para proteger al consumidor sobre los cobros de alguna deuda, con sus acreedores. Los derechos que cobijan al consumidor bajo esta ley son los siguientes:

1. No ser abusado, acosado o engañando por cobradores.

2. No ser contactado por ningún cobrador antes de las 8:00 a.m. y después de las 9:00 p.m.

3. Cuando un cobrador se comunique con usted tiene que identificarse.

4. El cobrador no debe de divulgar ningún tipo de información de su deuda a terceras personas.

5. Si usted lo exige, el cobrador no puede comunicarse con usted a su trabajo, ni visitar el mismo.

6. No ser amenazado con violencia contra usted o su propiedad.

7. No ser víctima de lenguaje obsceno o vulgar.

8. No ser acosado por teléfono.

9. Los acreedores no se pueden identificar como empleados estatales o federales.

10. Los cobradores no se pueden identificar falsamente como abogados.

11. Se puede demandar a un cobrador por daños incurridos por este.

Si usted o sus familiares se encuentra pasando por alguna situación de abuso o de maltrato de parte de algún acreedor, debe de comunicarse con un abogado a la mayor brevedad posible. Su abogado le orientara en relación a esta ley y le pondrá fin al abuso por el cual usted o sus familiares están siendo sometidos.

CÓMO FUNCIONA EL CRÉDITO

Hay ciertos aspectos que son fundamentales para el análisis de su crédito. El banco los considera las cuatro (4) C. Carácter: debes ser una persona que este financieramente estable, significa que no puedes tener tu crédito demasiado comprometido. Crédito: historial de pagos previamente realizados que no tengan morosidad de pago en otras cuentas. Capital: deber de ser una persona que tenga ahorros, o que tenga una hipoteca que reflejo ser paga correctamente. Capacidad: tienes que poseer suficiente entrada de dinero para pagar la deuda futura. Tener estabilidad, con tu trabajo, y dirección de residencia. Los bancos se tornan renuentes cuando encuentran a una persona que tenga en tan poco tiempo diferentes tipos de empleo al igual que diferentes direcciones. Esto lo que demuestra es que la persona es inestable. Recuerde que todo lo que usted diga en diferentes bancos, compañías o tiendas para obtener crédito se queda guardado en su historial de crédito el que a su vez es administrado por las diferentes agencias.

Cuando un banco o institución rechaza una solicitud se debe a diferentes razones: ser empleado a tiempo parcial y no a tiempo completo o regular, tener poco tiempo en su dirección física, tener más deudas que sus ingresos, incumplimiento de pago o realizar pagos morosos por más de tres meses consecutivos, y por ultimo falta de historial de crédito. La ausencia de historial de crédito se resume en no tener ningún articulo a su nombre: auto, tarjetas de crédito, prestamos, etc. O tener uno o dos articulos de muy poco valor para los banco como los celulares y tarjetas de crédito de menos de $300.00 en su línea de crédito. Usted no puede hacer un préstamo de ($25,000.00) veinticinco mil dólares,con un historial de crédito que solo llega a ($500.00) quinientos dólares, el banco al evaluar su pedido le negara el mismo por no tener capacidad crediticia que llegue a evidenciarle al banco que usted puede obtener un préstamo de esa cantidad.

Recuerda que los bancos no te están haciendo un favor cuando te otorgan crédito, ellos hacen mucho dinero a costas de otros clientes y del interés que les cobran por usar su crédito. Si las compañías no fueran hacer dinero a través de sus clientes ni se molestarían en prestar ni otorgaran crédito. Solo por el hecho de que un banco te ofrezca crédito no quiere decir que puedas pagarlos, tenlo presente. Debes de usar tu juicio y estudiar tu situación financiera antes de decidir cuándo y cómo utilizar tu crédito. Siempre compara que o quienes te ofrecen menos intereses por tu préstamo o tarjetas de crédito. Tienes que mantener tus gastos y tu crédito bajo control. Si no, ¿quién lo hará por usted?

QUE ES UN ACREEDOR

Es una persona física o jurídica (instituciones bancarias, etc.) que están legítimamente facultados para exigirle el pago o el cumplimiento del mismo cuando surge una obligación de pagos estipuladas mediante un contrato. Y que mal caen los acreedores cuando vienen a cobrar el dinero en momentos de crisis económicas o justamente cuando se queda usted sin empleo.

En el caso de las quiebras de una empresa sus acreedores mantienen la facultad por ley de requerirle el pago de dicha obligación, ya sea por una cantidad menor a lo establecido en su contrato. Una vez la persona se vaya a la quiebra se le asigna a un síndico y este a su vez se dedica a pagar la cantidad asignada por la corte a sus acreedores.

Les narrare un suceso que le paso a una compañera de trabajo con un acreedor sobre un préstamo que ella adeudaba. El acreedor iba a nuestro trabajo a hostigarla. Todos los días, el señor de cierta financiera que no mencionare, le pedía el cobro del dinero adeudado. A pesar de que ella se encontraba embarazada, a él esto no le importo. Hasta el punto que le dijo: "dame tu ATH yo saco dinero por ti y me pagas el préstamo". En el capítulo de las leyes que protegen al consumidor existe una clausula que ayuda a detener los abusos de estas personas. Se conoce como la *"Fair Debit Colletion Practices Act"*, que se explica en la página 32, dicha ley estipula que si usted lo EXIGE, los acreedores no podrán llamar ni visitar su lugar de empleo. Y ellos lo saben. Pero recuerde es usted quien debe de exigirlo. Ellos se meten con las personas que desconocen las leyes que les protegen. Recuerde que usted tiene derecho a su libertad y a su paz mental, pero tiene que exigirle a sus acreedores que no lo visiten en su lugar de empleo.

Cuando nos encontramos con casos como el de este acreedor en nuestras vidas, nos sentimos pésimos, de hecho ellos nos hacen sentir mal, ya que uno quiere pagar sus deudas y está pasando por un mal momento. Hey!!! a NADIE, pero a NADIE, le gusta DEBER, NADA...!!! Eso es algo que nos saca de concentración. Hay acreedores que hostigan y hostigan y siguen hostigando a sus clientes, para ver cuanta presión ellos aguantan. Entre los años 2006 a 2008 en Puerto Rico, hubo dos casos de suicidio que a mí me dejaron bien impactada. Uno de estos fue el de un comerciante que decidió quitarse la vida en una de las iglesias, localizadas en Hato Rey, Puerto Rico. El otro señor decidió quitarse la vida en su residencia ubicada en Mansiones de Carolina. Ambos atravesaban por la misma situación tenían problemas financieros, el comerciante estaba en quiebra y el otro señor poseía un puesto de confianza en el gobierno quien fue despedido de su cargo. Al quedarse ambos sin sus prominentes ingresos entraron en una depresión, que les provocó tomar esa trágica decisión. En las investigaciones realizadas por los agentes esto quedo demostrado. Lo quise traer de ejemplo para que vea por la presión que tal vez estos dos seres humanos fueron expuestos, y decidieron quitarse la vida. Ambos fueron producto de noticia de primera plana. Es una lástima que esto haya sucedido.

"Hijo mío, si salieres fiador por tu amigo, si has empeñado tu palabra a un extraño, te has enlazado con las palabras de tu boca y te has quedado preso en los dichos de tus labios"

Proverbios, 6:1-2

"El rico se enseñorea de los pobres, y el que toma prestado es siervo del que presta"

Proverbios, 22:07

La biblia nos dice acerca del manejo de nuestro dinero. La respuesta esta acondicionada a una sola palabra *SABIDURIA.* Debemos ser sabios con nuestras finanzas y eso incluye nuestro crédito. Una persona pobre, o de escasos recursos su único aliado es el poseer un buen historial de crédito. Si obtiene la sabiduría necesaria puede salir de su pobreza, obtener una mejor posición ya sea montando un negocio, teniendo claro que su mejor socio es su crédito. Puede también posicionarse de pobre a clase media o clase alta con la administración eficiente de su crédito. Conozco muchas amistades que de esta manera han obtenido un negocio, desde el más simple hasta el más complicado. Y viven maravillosamente bien, un lema de un amigo de la infancia el cual tiene un negocio de lavado de autos es el siguiente: "prefiero dejar de comer antes de dejar de pagar mis deudas".

Imagínese todo lo que puede obtener con su crédito. Autos, casa propia o para alquiler, negocios, estudios, viajes, mejor calidad de vida, lo que usted añora! Si necesita ayuda no se quede con dudas hay muy buenos contables, o analistas financieros que le pueden otorgar unas buenas recomendaciones para que usted pueda utilizar de manera viable su crédito.

No se desespere por obtener todas las cosas a la vez, esto es una trampa mortal. Hay personas que se desesperan y tienden a endeudarse más, de lo que pueden sufragar sus pagos y de esta manera se desaniman con el crédito de tal manera que este los vence. No es fácil estar sin crédito por un largo periodo de 7 a 10 años.

QUE ES UN CO-DEUDOR

El co-deudor es la persona que es el garantizador (segunda persona en el préstamo) si el principal (primera persona deudora del préstamo) quien tomo la deuda prestada. Si el principal no puede pagar su préstamo por las circunstancias que esté pasando en ese momento, es el co-deudor quien tiene que pagar los préstamos hasta que el principal pueda ejercer sus pagos nuevamente. Es casi obligatorio pagar las deudas de otra persona, debido a las firmas en el contrato previamente estipulado. Por ende si el principal no paga y el co-deudor tampoco lo hace, ambos tendrán una situación, que luego se puede convertir en un problema legal dependiendo de cuál sea su caso.

Recuerdo cuando era niña mi abuela decide coger un préstamo en una institución financiera, y le dice a una compañera de trabajo que por favor sea su co-deudora ya que a ella le negaron la aprobación por tener unas cuentas en morosidad. La compañera accede a dicha petición, pero no entendía bien a lo que se estaba enfrentando. Fueron muchos meses que esa señora visitaba mi hogar pidiéndole a mi abuela que le saldara el préstamo ya que ella la había involucrado en dicha negociación. Se le vio afectado el crédito a la señora, porque mi abuela no pudo pagar durante tres meses su préstamo y esto cae atraso de 90 días donde los banco etiquetan a las personas como clientes morosos.

Se dio a entender que el ser co-deudor es casi el dueño del préstamo porque cualquier IMCUMPLIMIENTO por parte del DEUDOR, es el CO-DEUDOR quien tiene que responder a dicho préstamo. Es el que otorga una GARANTIA de parte del deudor, y en muchos casos se puede convertir en un problema, porque si usted es una persona verdaderamente responsable con sus cosas no quiere que su nombre se vea afectado no le cabe de otra manera que asumir la responsabilidad que otra persona dejo.

TIPOS DE CO-DEUDOR

El mayor co-deudor por lo general está en la sociedad de bienes gananciales, su esposo o esposa, eso es bueno o puede ser no tan bueno para ambos. Todo depende de la medida que utilicen para administrar sus finanzas. Y no estoy diciendo que uno se recostará del otro. Es como todo, si ustedes son los tripulantes de un bote y se encuentran en alta mar en medio de una tormenta ¿qué harán? se quedaran a esperar a que pase la tormenta o remaran hasta llegar a tierra firme. Yo les recomiendo que avancen, pues se les puede hundir la canoa.

Si usted es una persona casada legalmente, no que conviva, su principal co-deudor es su esposa o esposo, y esto es obligatorio por que al ser usted casado se encuentra en lo que se conoce como la sociedad de bienes gananciales. La persona que está encargada de procesar su préstamo le preguntara si es usted casado, y en adición le pregunta si su pareja puede ser su co-deudor, que por regla general es lo más correcto. A menos claro está, que su conyugue tenga problemas con el crédito y no le pueda ayudar. Cuando su pareja se encuentra con problemas de crédito puede ser desfavorable para ambos en un futuro porque hay préstamos que es meritorio involucrar a su pareja. Si una de las partes se encuentra con un mal historial de crédito por lo general arrastra al otro hacia esa conducta negativa de tener un mal crédito. O viceversa, si una de las partes disfruta de un buen historial de crédito, y educa a su pareja a obtener los mismos resultados, esto es favorable para ambos.

Usted supo que:
Es bueno ser el co-deudor de su conyugue si uno de los dos no tiene experiencia de crédito. La persona que sí posee buen crédito puede ayudar a su pareja a obtener el mismo. El principal debe compartir la cuenta pero no la responsabilidad contractual. Es bueno ser el co-deudor de alguien que pague sus deudas a tiempo. De esta manera ambos obtendrán muy buenos resultados!!!.

Sin embargo hay muchas personas que se casan sin tener ningún tipo de crédito, esto les sucede precisamente a mujeres porque las materias financieras son manejadas por sus esposos. Si su marido tiene actualmente todo el crédito, haga que él le coloque en sus cuentas como co-deudora de la cuenta. Esto es de beneficioso para usted, pues uno nunca sabe lo que surja de ahora en adelante en su matrimonio, que yo le deseo muchas bendiciones☺. Si la cuenta o el préstamo están en buena situación alejada de los atrasos, usted se encuentra en la aptitud positiva de obtener un historial de crédito favorable y perdurable. Para los hombres que estén en situaciones similares les recomiendo el mismo método.

El 80% de los divorcios en Puerto Rico y tal vez en cualquier parte del mundo ocurren por problemas económicos las estadísticas fueron obtenidas del centro judicial, localizado en San Juan, Puerto Rico. Esto no se trata de ponerle en mal a usted con su conyugue, mi deber es orientarle y hacerle crear conciencia de que su crédito es única y exclusivamente suyo, usted se divorcia de su conyugue o se deja de su pareja, pero no se divorcia de sus cuentas ni mucho menos se deja de ellas. Estas les persiguen por un periodo de siete a diez años o hasta toda la vida como es el caso de los préstamos estudiantiles. No es lo mismo estar divorciado con un buen historial de crédito donde usted lo puede utilizar para resolver y comenzar de inmediato una nueva vida. Ha que estar divorciado con un mal historial de crédito que le cerrará las puertas durante siete a diez años. Durante ese tiempo en su vida pueden pasar muchas cosas, imagínese que encuentre usted un empleo prominente que llene sus expectativas de sueldo, comisión, acomodo de horario, y no le puedan dar el puesto por que usted tiene un mal historial de crédito. ¿Supo esto usted? En algunos lugares de empleo así como de vivienda necesitan un historial de crédito bueno, porque ellos piensan que si a la persona que van a emplear o darle vivienda tiene una mala reputación con su crédito quedara mal en el lugar de empleo o de vivienda, ósea ellos se dejan llevar por la idea de que si usted es responsable con usted mismo lo será con los demás menesteres, trabajo y vivienda.

Otro co-deudor lo es la familia, entiéndase padre, madre, hermanos, abuelos, abuelas, primos, sobrinos, o las personas que usted considere como familia, en fin la lista es bien amplia, solo usted sabe. Recuerdo una vez que mi hermano me dejo de hablar por ocho (8) meses, porque yo no le quise dar mi firma para que él pudiera hacer un préstamo de mil quinientos ($1,500.00) dólares con el propósito de poner su carro al día. Y usted pensará pero que ¡injusta! Con su propio hermano cómo es posible, eso mismo mencionó mi madre, ¿sabe que? si fui injusta, pero a mi hermano lo eduqué y sabe ¿por qué? Primero como él pensaba hacer un préstamo para poner su carro al día, el cual estaba atrasado por tres (3) meses. Entonces cuando nuevamente lo tuviera en atraso, tenía que buscar el pagare del auto más el dinero adicional del prestamos. Si yo le hubiese dado mi nombre para dicho préstamo y el no lo hubiese podido pagar entonces lo hubiese pagado yo para no dañar mi crédito. Y hubiese sido yo la que se enojara con el él en vez de él conmigo…

Los amigos son unos que por lo general se convierten o se pueden convertir en futuros co-deudores, o usted en co-deudor de sus amigos. Cuando se trata de dinero hay personas que cambian hasta de lugar de vivienda, trabajo, hasta de personalidad, para no cumplir con sus compromisos. Se de personas que le han dado la firma a su amig@ de la infancia y adivine que… ahora son los enemigos de la infancia… imagínese tener una amistad por tantos años y que se vea derrumbada por uno de los factores más importantes que rodea al ser humano, el crédito. No digo que todas las personas actúan de manera irresponsable con los amigos, pero si digo que se pueden contar las personas que tienen un gran respeto hacia aquellas que les han brindado su ayuda en momentos de dificultad y se lo demuestran siendo responsables pagando los cánones establecidos de los préstamos a nombre de otras personas.

Entiendo que su vida usted la maneja como le parezca, pero en cosas tan serias como es la de ser co-deudor hay que estar bien pendiente a quien se le otorga ese privilegio. Evalué bien la situación, por ejemplo si un herman@ mío necesita de mi por una condición de salud que le urja, créame que yo me convierto en su co-deudor o si tengo que obtener el dinero a base de préstamo siendo yo el principal, aunque no me lo pueda pagar y me quede yo con el rollo, por supuesto que lo ¡hago! Ya es un caso de necesidad humanitaria y no de índole de caprichos. Ahora si es porque quiere obtener cosas para su gusto, ahí me pongo un tanto renuente ya que es mejor que aprenda a manejar sus finanzas comprando solo lo que pueda comprar y no a fantasear.

HISTORIAL DE CRÉDITO

Si su historial de crédito es bueno tendrá más oportunidades de recibir y participar de algunas de las cosas buenas de la vida. Por el contrario su historial es uno para ¡pelos! no creo que el banco ni las compañías quieran saber de usted hasta que su informe refleje lo contrario.

Como lograr y como conseguir un buen historial de crédito.

La información negativa relacionada con el uso de su crédito, puede permanecer en su informe de crédito por siete años; cuando se trata de una quiebra o bancarrota esta información permanece en su informe por 10 años. Si se trata de embargos por impuestos se tarda quince (15) años en salir de su historial de crédito. Una información sobre una demanda o sentencia en su contra que no haya sido cancelada puede permanecer en el informe durante siete (7) años o hasta que caduque la ley de prescripción (el período que sea mayor).

Los nombres de las empresas que hayan solicitado un informe de crédito con su debida autorización se mantendrán por dos (2) años en su historial, esto se refiere a cuando uno hace las indagaciones. Si usted realiza más de cuatro indagaciones en un mes, cae en un estado de "alerta", término por el cual los bancos lo etiquetan. Esto les demuestra al banco o institución que su caso ha sido rechazado en cuatro ocasiones. Hay que tener cuidado con las indagaciones y asegurarse de que sea con el propósito de obtener el préstamo y no por el simple hecho de solo indagar.

Si le negaron el crédito, vivienda, seguro o empleo a consecuencia de un historial negativo, la agencia le dará a usted el nombre, domicilio y números de teléfonos de las compañías que le proporcionó dicho informe. Por lo general le envían una carta ofreciendo estas referencias. Según la Ley de Crédito Justos, usted tiene derecho a solicitar un informe gratuito dentro de los sesenta (60) días para verificar el porqué no pudo obtener el préstamo. Para obtener su informe gratuito debe de presentar evidencia alguna sobre este particular.

Se le recomienda una vez al año, observar su historial de crédito. Yo siempre lo hago cerca de la fecha de mi cumpleaños para que no se me olvide. Es con el propósito de ver cómo están mis cuentas y cuantas indagaciones he realizado (siempre trato de que sean solo dos indagaciones anuales). Una página de internet que recomiendo es www. scoresense.com se pueden ver tres reportes de crédito a la vez que están reflejados en las tres principales agencias como lo son Equifax, Expidan y Trans Union. Puede buscar un informe para verificar en que status se encuentra su expediente, es un derecho que tiene y no un favor que le está haciendo esta agencias. Recuerde que el único responsable de su crédito es usted y nada más que usted. Para obtener un informe gratuito de su crédito usted puede ser a través del internet en la siguiente página: www.freecreditreport.com o escribir una carta a la siguiente dirección postal:

ANNUAL CREDIT REPORT REQUEST SERVICES P.O. BOX 105281 ATLANTA, GA 30348-5281

En esta dirección debe de incluir copia de su seguro social, identificación con foto ya sea licencia o pasaporte debidamente vigente, y copia de un recibo ya sea de agua, luz, celular, etc. No debe de incluir su tarjeta electoral pues ya no se considerada una identificación, ni mucho menos ninguna carta de agencia de cobro o de talonario de cuentas bancarias, esta información es bien privada. Las agencias les enviaran un reporte de crédito de todas sus transacciones hechas hasta el presente. El reporte de crédito es diferente en las tres agencias, no siempre tienen la misma información. Por eso es bien importante tratar de obtener los tres (3) reportes para asegurarse de que todo esté bien y que ellos no hayan cometido un error. Es bueno verificar el informe antes de hacer cualquier transacción con su crédito, de hecho es adecuado que lo lleve consigo cuando va a pedir prestado o realizar cualquier transacción.

QUE SON LAS OFICINAS DE CRÉDITO

Las oficinas de crédito son juez y jurado en lo referente a su expediente de crédito, pero hay una diferencia, un juez por lo menos le dará la oportunidad de defenderse en corte antes de pasar a la toma de una decisión. Las oficinas de crédito junto con sus acreedores han estado intercambiando la información sobre usted a espaldas suyas, durante mucho tiempo. No le preguntan ni le dan oportunidad de defenderse, es en efecto un chisme legal!.

¿Cómo es que está estructurado este sistema? Las oficinas de crédito son corporaciones, y compañías privadas, están en el negocio para hacer ganancia, y esa ganancia es producto de un lugar solamente, sus acreedores. Bien, no le dan a usted la oportunidad de resguardarse antes de inscribir su historial con alguna información negativa. A ellos no les importa si usted está de acuerdo o no.

Hoy día vivimos en una sociedad que desafortunadamente valora a los seres humanos por el tipo de crédito que tiene. De ahí el famoso dicho "el habito no hace al moje, pero lo distingue". Imagínese… si usted desea comprar ropa en abundancia, y no tiene el dinero suficiente, que haría?… Bueno si tiene una tarjeta de crédito en ese momento le garantizo que compraría su ropa con la tarjeta, aunque "la trepe hasta el tope" lo importante es buscar su satisfacción!!! O no?.

Está comprobado querido amigo que el trato
y el servicio que le brindaran algunos
comerciantes
varía dependiendo del nivel económico
en el cual se encuentra la persona.

Ejemplo: No es lo mismo presentar una tarjeta american express de plástico color verde común y corriente, en algún establecimiento famoso, que presentar una tarjeta american express de metal. La diferencia estriba en que la persona que posee una tarjeta de plástico tiene una línea de crédito que puede comenzar desde quinientos ($500.00) hasta un margen de dos mil ($2,000.00) dependiendo de cuál sea el caso. En cambio, el cliente que posee una tarjeta de metal, tiene una línea de crédito que termina en un millón!!! ($1,000,000.00) de dólares… (Hasta me emocioné cuando escribí la cifra.) Por lo general las personas con una línea de crédito tan alta, son gente famosa o grandes ejecutivos e inversionistas.

Cabe mencionar que dependiendo de lo que usted se gane en su trabajo, así más o menos le prestara el banco. No le pueden prestar a una persona que se gane veinte mil pesos al año, medio millón de dólares. Pues esta cifra no va a la par con las ganancias obtenidas con esta persona.

> Usted supo que…
> Son tres principales agencias, que trabajan su historial de crédito:
> Equifax
> Experian
> Trans Union

EQUIFAX

Tiene una oficina localizada en nuestra hermosa isla del encanto Puerto Rico, por lo general las investigaciones que se hacen en esta oficina son para uso de vivienda pública en Puerto Rico. Su sede oficial queda en Atlanta Georgia, opera la red informativa de crédito más grande en los Estados Unidos, sus propias oficinas y algunas subsidiaras. Sus ingresos sobrepasan los quinientos (500) millones anuales, ofreciendo una variedad de servicios sobre la información de su crédito, quienes costean esta información son los bancos e instituciones financieras. Entre sus clientes se incluyen las tiendas por departamento, la mega tienda más grande de la nación americana, bancos, instituciones financieras, compañías de electricidad, telefonía, agua, vendedores de auto y de alquiler, cooperativas de crédito, hoteles y moteles, entre otros. Operan internacionalmente en Canadá, Europa y América Latina.

Entre sus servicios se encuentra el de que si una persona paga con cheque personal y el mismo no tienen fondos insuficientes (elegantemente le reboto el cheque) pues ellos se encargan de reportarlo en sus informes para que conste en los demás bancos.

EXPERIAN

Es una de las más grandes agencias del país, manteniendo información crediticia sobre más de 200 millones de consumidores de los Estados Unidos y Latinoamérica. Experian empezó en el negocio de información de crédito, bajo en nombre de TRW, Inc., adquirió Credit Data Corpotarion en el año 1969. Sus principales oficinas están localizadas en Orange, California. Experian no poseen oficinas en Puerto Rico, la comunicación con ellos es por teléfono, correo regular o electrónico. Esta oficina de informe de crédito almacena, recolecta y verifica, información crediticia suministrando a sus acreedores o subscriptores que hayan demostrado que es solo con fines permisibles para su uso, según se define en la Ley de Garantía de Equidad Crediticia (FCRA) por sus siglas en ingles.

La información de sus record previamente establecidos se envía al centro de datos de Experian en Allen, Texas, donde pasa por un proceso secreto de verificación antes de ser ingresado en el sistema de cómputos de las empresas. Los record públicos, incluyendo radicaciones de quiebra, son obtenidos directamente de los expedientes de tribunales y de los diferentes condados, convertidos en un formato compatible con el sistema de Experian e ingresados a su sistema de datos.

El sistema de búsqueda y recuperación de Experian puede verificar todas las regiones de Estados Unidos y de Puerto Rico en una sola petición. Cualquier dirección física previa, apellidos alternos (como por ejemplo, nombre de solter@) o apodos, pueden ser recuperados automáticamente utilizando la información vigente del consumidor. Si usted se muda en varias ocasiones en un mismo año esto es desfavorable para usted ya que lo tildan como una persona inestable en una dirección residencial, este tema lo retomare más adelante en cómo obtener una empírica alta para su historial de crédito.

Es importante señalar que las personas que se dedican a guardas estos informes son seres humanos, que comenten errores por ende es bien importante que usted verifique su crédito una vez al año. De acuerdo a la FEDERAL TRADE COMISION usted tiene el derecho de obtener un informe de crédito gratuito una vez al año, con el propósito de defenderse. Esta solicitud anual no afecta su puntaje ya que es usted quien está solicitando ese historial de crédito y puede identificar cualquier información fraudulenta, obsoleta, robo de identidad, información incorrecta y anticuada, de esta manera usted tiene el derecho a disputar ese detalle en su informe de crédito.

TRANS UNION

Es otra agencia de datos de crédito bien poderosa, opera en Chicago Illinois, en adición tienen oficinas en Puerto Rico, la más accesible queda en la parada tres (3) en Miramar, Puerto Rico, en el edificio Miramar Plaza en el segundo piso.

Sirve a una gran gama de industrias que evalúan riesgos de crédito de manera rutinaria o que verifican información crediticia sobre sus clientes. Los archivos de información crediticia de Trans Union incluyen récords públicos e información sobre las cuentas por cobrar de acreedores nacionales, regionales y locales. Todo lo relaciones a usted, con relación a sus empleos, todas las direcciones y los prestamos se ve reflejado en los archivos de Trans Union.

Esas son las principales agencias pero hay otras más que están cogiendo auge como las mencionadas anteriormente, son pequeñas oficinas que se están dedicando a realizar algunos trabajos de estas tres grandes oficinas.

Recuerde que si usted tiene una información negativa de su crédito se verá reflejada en por lo menos dos ó más oficinas custodias de su historial de crédito. Por lo tanto al monitorear su crédito usted necesita mirar todos los informes en las tres principales oficinas.

LA EMPÍRICA, O SCROER

Se le conoce como puntaje de crédito (Beacon Score) a la empírica que es el cálculo o valor financiero basada en números. Le da un ejemplo a sus bancos de cómo ha sido su práctica en pagos con crédito obtenidos anteriormente. Tener un buen puntaje (empírica) le da al cliente mayor oportunidades para negociar mejores condiciones de interés, gastos de cierre o cantidad del préstamo.

La empírica, se ve afectada por los atrasos y la frecuencia o regularidad que suceden los mismos. Los altos balances de tarjetas de crédito le afecta en su empírica, aunque el pago de dichas tarjetas se efectúe a tiempo, no se trata de que si usted paga bien su tarjeta de crédito todos los meses, es el hecho de que aun no ha podido saldar la cuenta en su totalidad.

El indagar constantemente en su crédito para ver "si le aprueban algo" afecta adversamente en su empírica y le baja el puntaje de la misma. Además el hacer estas indagaciones con frecuencia pone al cliente como uno de alto riesgo y esto para los banco e instituciones financieras es una alerta de que a usted le han denegado el crédito en otros sitios, y créame no le prestaran ni para que se compre un chicle.

Es importante solicitar el informe de crédito solo cuando sea necesario ya que esta mala práctica de solicitar un informe con la esperanza "de ver si le aprueban tal cosa", representa para usted una marca de baja puntuación en su informe de crédito. Si usted está seguro de cómo esta su crédito no tiene que dudar del mismo, y hacerle ver a la persona que le está tramitando alguna cosa, que usted es un prominente cliente y sí sabe manejar su crédito.

Tenga en cuenta una cosa cuando valla a obtener un automóvil. Cuando uno va a comprar un carro uno va con la euforia de tener un auto nuevo. Imagínese! Va a comprar un auto esto no es algo que usted compra todos los días, como lo es comprar comida en un fast food, o comprar ropa una vez a la semana. Si tiene un carro que le está dando problemas estará más que ansioso por salir prontamente de el. Y si esta a "pie", estará deseoso por montarse a coger aire acondicionando y dejar de pasar malos ratos en las guaguas públicas. Cuando usted va a un dealler por lo general lo hace con la mejor confiabilidad de que el vendedor o vendedora le ayudara a realizar un mejor negocio relacionado a un auto nuevo. Pero para poder darle el auto ellos debe de buscar su informe de crédito al momento y no le explican que le enviaran ese informe de crédito por lo menos a diez (10) diversas compañías de finanzas. Antes de que el vendedor o vendedora pase a mostrarle docenas de carros, él desea cerciorarse de que usted esté aprobado parar obtener el vehículo deseado.

Recuerde que a los vendedores de autos no les interesa para nada su historial de crédito su negocio consiste en vender autos, y deben de asegurar su venta para ir a la positiva de que usted saldrá con un auto. Ellos envían su informe a por los menos diez (10) compañías financieras entiéndase bancos y cooperativas, dejándolo a usted con diez (10) indagaciones en su historial de crédito. Desafortunadamente en los dealler de auto esto se ha convertido en una mala práctica y esto es bien negativo para su empírica. Para que esto no le suceda, antes de obtener el auto trate de comunicarse con el representante del banco de su predilección y déjele saber que usted está interesado en hacer negocios con un dealler. De esta manera el representante le puede ayudar a obtener un préstamo para el vehículo de sus sueños sin lastimar tanto tu informe de crédito. Además usted deber de tratar de tramitar los seguros de su auto nuevo para que tenga un mejor pagaré en su mensualidad.

> Recuerde que:
> Para obtener una buena empírica usted debe siempre...
> 1. Pagar sus cuentas a tiempo (debe de hacerlo antes de la fecha de vencimiento)
> 2. No debe realizar más de cuatro indagaciones en un año
> 3. Limitarse a por lo menos dos tarjetas de crédito
> 4. Asegurarse de que sus cuentas ya pagadas estén debidamente cerradas
> 5. Evitar dar muchas direcciones, cuando va a solicitar algo (esto demuestra inestabilidad)
> 6. Tratar de tener menos préstamos posibles (se recomiendan tres: hipoteca, auto, y personal)
> 7. Si va a obtener un auto, trate de llevar la aprobación del banco o cooperativa de su preferencia. (los dealler de auto son expertos bajando las empíricas pues le envían su solicitud a por los menos cinco bancos a la vez)
> 8. Trate de no ser co-deudor en la medida que pueda

Las empíricas son medibles por puntuaciones que a su vez se convierten en notas, como si uno estuviese aun en la escuela. Según sus cuentas así será su puntuación, sino se encuentra trabajando es factor para que le bajen por los menos 10 puntos en su puntuación, de igual manera si ha cambiado muchas veces de dirección residencial.

Puntuación y Notas	Equifax	Experian	Trans Union
900-850 A (Clientes Potenciales) Nunca pagan tarde, su crédito es conocido como triple 0,0,0, significa que en las tres agencias tienen el mismo puntaje. Les otorgan los mejores intereses del mercado.	900 0 atrasos	900 0 atrasos	900 0 atrasos
800-750 B (Clientes Promedio) En esta categoría los clientes promedio aun pueden negociar sus intereses, por lo general son personas que tienen el crédito comprometido ya sea que tienen suficientes tarjetas de crédito, han tenido un atraso en alguno de sus pagos. No tienen el mismo puntaje en las tres agencias.	800 0 atraso	775 Tarjetas de crédito trepadas hasta el tope	750 1 atraso de 30 días
700-650 C (Clientes Regulares) Tienen demasiadas indagaciones en su historial, poseen demasiadas deudas, unas las han pagado a tiempo otras después de los treinta días. No se les permite negociar intereses, el banco decide el interés por ellos. Pueden tener un celular a perdida (cuenta sin pagar) y aun así se pueden sacar una cuenta de auto. Claro está al interés más alto.	650 Celular cuenta echada a perdida	700 Demasiadas tarjetas de tiendas	698 Tarjetas, prestamos de auto en atraso de un mes
600-550 D (Clientes Deficientes) Han tenido muchas cuentas atrasadas a la misma vez, se pueden recuperar saldando la mayoría de sus deudas.	600 Cuentas en atrasos de 30 días	558 Cuentas en atrasos de 90 dias	597 Varias cuentas en perdida
500-400 F (Cliente Fracasado) No le prestan absolutamente nada, hasta que demuestre que su situación económica ha mejorado.	499 Todas las cuentas en pérdida. Embargos	452 Todas las cuentas en pérdida. Embargos	400 Todas las cuentas en pérdida. Embargos

La tabla anterior solo muestra un ejemplo para que usted vea como es la calificación en su historial de crédito, si se encuentra entre las puntuaciones de A ó B, en hora ¡buena! Procure mantenerse estable entre esas líneas. Pero si es todo lo contrario no se sienta mal porque hay solución. Por ejemplo si su nota es de D, trate de saldar todas sus deudas, o páguelas bien durante veinticuatro meses (2) años sin atrasos de esta manera podrá obtener una puntuación de por lo menos ¡menos 790!

CUENTAS MOROSAS

Cuentas por las cuales se pagan luego del tiempo estipulado. ¡*CUIDADO!* y voy hacer bien enfática en esto, se le considera cuentas morosas a las cuentas que son pagadas luego de los días de gracias. Y se le considera clientes morosos a los que pagan en los días de gracias, y usted dirá esto es un error, no! no lo es!!! El banco está muy pendiente de las personas que tienen la costumbre de pagar sus deudas en los días de gentileza y si ve que usted siempre paga en los días de gracias, lo etiqueta como el cliente moroso, es un pequeño chisme de oficina, y esta reputación es negativa en el mismo banco, pues le puede afectar para una futura transacción.

Es bien importante crear una buena imagen de usted con su representante bancario, a esto se le puede llamar relaciones publicas, ya que esta persona siempre le ayudara a usted a resolver su problema de emergencia.

Hay personas que dejan de trabajar en instituciones financieras y en bancos, se mudan para otra sucursal y sabe que!!! Con ellos, por lo general, no necesariamente debe ser así, pero se van los clientes que han creado un vinculo profesional y de respeto, ya que tienen la confianza con dicha persona quien conoce sus transacciones.

Recuerde que usted hizo un contrato en el cual pagaría sus cuantas en un tiempo estipulado ejemplo: la cuenta se debe de pagar los días quince (15) **ES EN O ANTES**

DEL DÍA QUINCE (15) QUE DEBE DE EFECTUAR DICHO PAGO!!!

No se deje llevar por el pensamiento, de que: "hay si yo tengo diez o quince días más para pagar ese préstamo, tarjeta de crédito, etc." Siempre tenga presente que en su vida las cosas no se quedan en perfecto orden divino, sino mas bien las energías se mantiene un movimiento, y en uno de esos movimiento puede ser favorable para usted o posiblemente no lo sea. Ejemplo supongamos que usted es de los que se amarran a ese pensamiento mencionado anteriormente, y cuando llega el día (x) que debe de pagar, se encuentra con una emergencia, ya sea de salud o lo más típico, que el carro le dé con joder!!! ☺ (No lo diga muy alto no sea que le ocurra).

¿Qué hará usted? Si tiene algún dinero ahorrado puede reparar prontamente su auto!!!, pero ¿y si no? Pues lo mismo que yo haría, obtener el arreglo de mi carro del pagare de la obligación que quedé con el banco de pagar en los días de gracias. Y de esta manera tiene otro revolú, pues se le acumula el pago, se sale todo de control y créame porque ya lo he vivido, se puede uno recuperar pero es difícil y más cuando surgen situaciones inesperadas y no nos encontramos preparados para recibirlas.

CUENTAS EN PERDIDAS

Estas cuentas son pagos que las personas dejan de cumplir por un periodo mayor de seis (6) meses, el banco o institución las califica o las clasifica como cuentas en perdidas, y las mismas son reportadas en su historial de crédito, sino son atendidas o pagadas en su totalidad.

Se quedan en su expediente, durante siete a diez años, con la anotación de que fue pagada después de echada a perdida, si fuese ese el caso. Si no son pagadas se quedan con la nota de que son cuentas en perdidas no pagadas. Dándole lugar a compañías catalogadas como agencias de cobro que se dedican a comprar dichas cuentas por un precio ridículo, si y digo ridículo porque las adquieren a $2.00 la cuenta, obviamente adquieren sobre cincuenta o cien de estas. Este tipo de agencia o cobrador tienen la facultad de fastidiarle la vida a cualquiera. Por lo general el banco o institución financiera no tiene el tiempo para estar detrás de un cliente que haya dejado de pagar sus cuentas. En la mayoría de los casos los banco y las instituciones financieras recuperan sus pagos ya sea porque el cliente se fue a quiebra, asignando de esta manera a un sindico de quiebras para pagar sus deudas. O simplemente se las cobra al seguro que tenga dicha cuenta, ocurre esto cuando son seguros de vida por muerte del titular.

Las agencias de cobro si tienen el tiempo de ir a los tribunales con carpetas de clientes que han dejado de pagar sus deudas para embargarles cualquier cosa que puedan embargar, auto, propiedad, terreno, etc. En lo préstamos estudiantiles por lo general se les embarga el 15% de su sueldo. Es por tal razón que a veces cuando uno deja de pagar una deuda, encuentra una agencia de cobro, cobrando la misma cantidad monetaria que la cuenta de la institución que fue tirada a perdida dicha cuenta.

Las cuentas en pérdidas se pueden borrar de su expediente siempre y cuando usted las salde, luego debe de comunicarse con las diferentes agencias y explicar el porqué de dichos atrasos. Recuerde que no en todos los tiempos de nuestras vidas, estamos siempre en buenos momentos, hay veces que pasamos por dificultades, despidos de empleos, enfermedades, divorcios, todos estos son factores determinantes para desestabilizar al ser humano por más capacitado que este de pagar sus deudas. Pasar por una de estas experiencias marca la diferencia en la vida de cada cual.

Las compañías o agencias, que se encargan de limpiar su crédito, le ayudaran con estos problemas de las cuentas en perdida, recuerde que son ellos los que le pueden orientar mejor sobre los diferentes tipos de productos que ellos realizan para ayudarle con su situación de crédito. Según tengo entendido en la mayoría de los casos hay que pagar las cuentas en perdida para que estas compañías le puedan brindar un servicio de excelencia, a usted, su conyugue o su familia. Pero son ellos los que le pueden brindar una mejor orientación con relación a la limpieza de su historial de crédito. No se quede con dudas contacte a una de estas compañías y comience una nueva vida crediticia.

QUE ES LA QUIEBRA

Se define quiebra como una situación jurídica en que la persona o la empresa no puede hacer frente a los pagos pasivos que se les exige mensualmente, ya que estos son superiores a sus ganancias y activos. Se denomina a la persona, empresa o institución que se encuentra en estado de quiebra fallido o deudor. Luego se procede con un juicio de quiebras o procedimiento concursal donde se examina si el insolvente o fallido puede atender con su patrimonio las obligaciones que tiene pendiente.

Una quiebra puede relevarle a usted de su obligación legal de pagar todas o muchas de sus deudas, es lo que se conoce como el relevo. La quiebra puede detener la ejecución de la hipoteca de su residencia y permitirle la oportunidad de pagar el atraso. No elimina la hipoteca como tal u otros gravámenes pero le brinda la oportunidad de pagar sus atrasos hasta dentro de los próximos cinco (5) años.

Una quiebra puede prevenir la reposesión de su automóvil u otra propiedad, incluso obliga al acreedor a devolver propiedades reposeídas. En adición la quiebra puede detener embargos de salarios, el hostigamiento y otras prácticas de los cobradores; puede restaurar o prevenir la terminación de servicios tales como agua, energía eléctrica, y de teléfono. Puede permitir defenderse de reclamaciones que usted no acepta adeudar, protege a sus co-deudores mientras usted está en el proceso pagando los cánones, o acuerdos monetarios señalados por el síndico de quiebras. De lo contrario el co-deudor podría ser responsable de toda o parte de la deuda. Y esta es la parte vital y de suma importancia de lo que es un co-deudor por estar comprometido al igual que usted de sus deudas. Claro está, usted podría pagarle luego a su codeudor cuando haya mejoría en su situación económica. El co-deudor es el que garantiza el pago de usted no poder hacerlo, es la persona que le debe de dar el dinero al banco en el momento que usted no pueda cumplir con su obligación, pero recuerde que debe devolverlo. La quiebra lo protege de las deudas que tenga al momento de radicar la quiebra y no de las deudas obtenidas luego de haber comenzado a pagar la misma.

> Una quiebra no le va a sustituir de ciertas deudas a las que la ley menciona de trato especial: como los son las pensiones alimenticias, algunas deudas relacionadas al divorcio, muchos menos quedaran relevados los
> préstamos estudiantiles, multas en casos criminales y deudas por concepto de contribuciones.

Ley de Prevención de Abuso de Quiebras y Protección del Consumidor "Bankruptcy Abuse Prevention and Consumer Protection Act" aprobada por el congreso en el año 2005 explica que la mayoría de los casos de quiebras son bajo los capítulos siete (7) y capitulo trece (13).

CAPITULO 7

En el capitulo siete (7) usted realiza una petición en la corte de quiebras a través de su abogado, solicitando el relevo de sus deudas. El propósito es obtener el relevo de sus deudas a cambio de usted poner en disposición su propiedad para ser liquidada o vendida excepto aquella propiedad exenta. De esta manera su casa le serviría como garantía para suprimir sus deudas. En la mayoría de los casos toda o gran parte de su propiedad está exenta. Si no está exenta será vendida y el dinero distribuido a los acreedores.

Si a usted le interesa retener su propiedad tal como su hogar o automóvil con gravámenes y los pagos están atrasados probablemente el capítulo siete (7) no sea la mejor alternativa. Porque en el capítulo siete (7) el acreedor hipotecario de su hogar, o el banco que le financió su automóvil, retienen el derecho de reposeer la propiedad para cubrir su deuda si la misma no se paga, tanto casa y autos son deudas garantizadas. Al ser propiedades que aun se encuentren en garantía, probablemente sea mejor alternativa acogerse en ese momento al capítulo trece (13) para pagar los atrasos. Siempre tenga presente que quien puede tramitar esto es un abogado que esté debidamente preparado en lo relacionado a las quiebras, o cualquier asesor legar debidamente certificado como lo son los síndicos. Se requiere la representación legal por toda la documentación que hay que someter para no perder su hogar. En mi opinión es indispensable que una persona no lo pierda todo.

CAPÍTULO 11

El capítulo 11 va dirigido mayormente a las empresas. Cuando una compañía no puede asumir el pagare de sus deudas a sus acreedores, según lo expresa la ley permite que dichas empresas u organizaciones puedan reorganizarse nuevamente.

CAPÍTULO 13

En el capítulo trece (13) usted pagara un plan de pagos por un periodo de tres a cinco años que dependerá de los ingresos recibidos en su hogar menos los gastos familiares y de los criterios establecidos en la ley según lo estipulado por el juez en corte. Mediante este plan usted puede pagar atrasos de sus préstamos hipotecarios y de auto y las deudas que no se liberan en una quiebra. Lo más importante de este capítulo es que le permite retener su propiedad de mayor valor a lo permitido en capítulo siete (7) por no estar exenta, por ejemplo, si su ingreso le permite pagar su hogar y su automóvil este exceso de valor debe de estar dentro del plan escogido por el sindico. Usted tiene que tener ingreso suficiente para cubrir sus necesidades básicas en especial los alimentos, y los pagos requeridos según vencen. Si tiene préstamo hipotecario tiene que continuar con los pagos prospectivos, el banco hipotecario está obligado a aceptar los pagos y cobrar el atraso acumulado en el plan de pago.

Usted debe considerar acogerse a la ley de quiebra bajo el capítulo 13 cuando:

1. Es usted dueñ@ de su hogar y hay peligro de perderlo por dificultades económicas o por motivo de una demanda.
2. Se encuentra atrasado en los pagos pero puede pagar si se le permite un tiempo razonable.
3. Tienen una propiedad de valor que no está exenta pero puede pagar a sus acreedores con su ingreso si se le da el debido tiempo.
4. Interesa proteger a sus co-deudores
5. Cuando hay otras razones importantes, recuerde obtener ayuda de un consejero profesional.

Es una situación embarazosa pero cuando no hay remedio hay que atenerse a ella, la quiebra no se considera mala en su totalidad, sino mas bien es que una persona pueda rehacer su vida crediticia nuevamente, es un proceso de aprendizaje, en el cual la persona aprende de experiencias ya vividas de cómo manejar su crédito correctamente.

Fíjese que utilizo los términos obligaciones pendientes, recuerde que usted está obligado en cierta manera por ley de cumplir a cabalidad con esta orden que estipule el juez o sindico en el pago de su quiebra.

En adición la quiebra es una situación de insolvencia generalizada lo que la distingue de lo que sería cesación de pagos o pagos en perdidas. Es una insolvencia permanente en tiempo, donde se queda durante diez (10) largos años si no es atendida correctamente. Imagínese usted sin diez (10) años sin su crédito, ¿cómo se visualiza? En su futura vida pueden pasar un sinfín de cosas, que le pueden afectar de forma favorable o desfavorable para usted y sus seres queridos. Pregúntese esto: ¿vale la pena que le penalicen y le priven durante tantos años del pleno disfrute de su crédito? La realidad es que no y lo mejor es que esa realidad se encuentra en sus manos, recuerde cada persona es dueña de su propio destino, en algunos casos se pude cambiar, si usted es sabio e inteligente no permita que su situación financiera llegue hasta estas consecuencias, recuerde que hay mecanismo y herramientas que le pueden ayudar a salir de las peores situaciones. Siempre tenga presente pedir ayuda con un consejero profesional ya sea su abogado, contable o planificador financiero con lo relacionado a una situación de crédito. Recuerde no se quede así, no se deje vencer por los problemas, siga hacia adelante, y no mire hacia atrás ni para coger ¡impulso!

TARJETAS DE CRÉDITO

El origen de las tarjetas de crédito se remonta para el año 1914, cuando la Western Union emitió la primera tarjeta de crédito al consumidor, pero en particular a sus clientes preferenciales. Ve como señalado lo de "clientes preferenciales" a estos fueron los primeros que el banco les aprobó una tarjeta de crédito, porque tenían una buena relación con el banco y siempre es recomendable que esto suceda.

Hasta la primera mitad del siglo, otras empresas como hoteles, tiendas por departamentos y compañías gasolineras emitieron tarjetas de crédito para sus clientes.

Después de la Segunda Guerra Mundial, surgieron con renovado ímpetu nuevas tarjetas. Pero sólo fue hasta 1950 cuando salió la tarjeta Diners Club, que fue aceptada por una variedad de comercios. En 1951 el Franklin National Bank de Long Island, Nueva York, emitió una tarjeta que fue aceptada por los comercios locales y poco después en alrededor de cien (100) bancos. Sin embargo, como estas sólo funcionaban para un área de la banca local, muy pocas podían generar suficientes ganancias para los bancos, por lo que muchos desaparecieron con la misma rapidez con que surgieron.

Basados en esas fundadoras, los bancos locales de los Estados Unidos de Norteamérica incursionaron en expedir sus propias tarjetas de crédito como sustitutas del cheque y del dinero en efectivo.

Para los años 60 se ofrecieron nuevas modalidades de pago diferidos en los saldos a pagar, lo que ofreció ingresos adicionales y mayor rentabilidad a los bancos, los cuales unidos en asociaciones o mediante convenios en todo el territorio norteamericano pudieron expedir tarjetas de crédito en común, creando un sistema de carácter nacional, donde surgieron las que hoy son grandes firmas de tarjetas que operan bajo los nombres de Mastercard Internacional y Visa Internacional. En el caso de Visa, sus antecedentes se remontan al año 1958 cuando el Bank of America comenzó a emitir la tarjeta de crédito BankAmericard en los Estados Unidos. Los Estados Unidos de Norteamérica, fueron los creadores de las tarjetas y luego las propias necesidades del mercado local determinaron el desarrollo de este medio de pago.

Las tarjetas de crédito son tipos de planes de ventas a crédito de mayor uso en la actualidad, es un medio de pago con el cual se pueden realizar compras de cualquier producto o contratar servicios en establecimientos autorizados. Es un elemento de alta retribución para el consumidor y una identificación que provee el privilegio de obtener productos al momento de realizar el pago con una de ellas. Es un medio de pago sin uso de efectivo, con un financiamiento automático a treinta días, donde su tasa de interés varía al igual que su tasa anual. Las tasas de interés de las diferentes tarjetas de crédito, son pautadas por el banco sometido a evaluación de cómo se encuentre su crédito en el momento que usted este solicitando una.

El objetivo de este libro es enseñarle a usted todo lo relativo al crédito, tarjetas de crédito o dinero plástico, entre otros temas claro está. Las informaciones que se presentaron sobre la evolución de las tarjetas de crédito fueron obtenidas de diversas fuentes bibliográficas, específicamente periódicos, revistas y folletos de instituciones bancarias de Puerto Rico.

La creación de la tarjeta bancaria de crédito no es más que el último eslabón en la cadena evolutiva del intercambio de valores. Además de que cumple con las tres funciones principales de una intermediaria financiera, ya que transfieren fondos; es un instrumento de crédito y bajo los aspectos de seguridad contribuye a llenar la función de custodia de valores. También es un hecho que debido al avance tecnológico y al crecimiento del mercado, las tarjetas de crédito han dejado de ser un instrumento clasista para introducirse en el mercado de las masas, lo que ha creado un aumento en las operaciones a nivel mundial.

La competencia existente entre las diferentes compañías emisoras de tarjetas de crédito ha hecho que las mismas ofrezcan una gama de servicios adicionales a sus clientes, con la finalidad de captar más clientes y poseer un volumen mayor de negocios. Además de que las tarjetas de crédito comenzaron a ser respaldadas por diversos grupos financieros, agudizándose la competencia y de este modo llevar mayores y mejores servicios a los segmentos de la población que hasta la fecha han hecho uso de ellas.

CLASIFICACIÓN DE LAS TARJETAS DE CRÉDITO

Existen distintos tipos de tarjetas por su naturaleza y su objetivo final. El primer género de estas se dividen en locales e internacionales, dependiendo del alcance que posean en cuanto a su capacidad de realizar transacciones en moneda diferente a la del país de origen. En general, las llamadas Tarjetas de Crédito Internacionales se pueden utilizar en la compra de artículos en cualquier parte del mundo, mientras que las Tarjetas de Crédito Locales se limitan a la realización de transacciones meramente en la moneda y país de su emisión. Por lo general la mayoría de los clientes que obtienen tarjetas de créditos prefieren las internacionales, porque no saben si se les presenta una emergencia y tengan que salir fuera de su país natal al extranjero. Las tarjetas internacionales son utilizadas en la mayoría de los comercios del exterior.

Existen también las llamadas Tarjetas de Crédito Convencionales, que son las que permiten al usuario pagar los consumos realizados a través de ella, ya sea por medio de plazos mensuales y/o una línea de crédito giratoria con el límite establecido por el ente emisor. Si se paga el monto adeudado completo al final del mes, no se cobran intereses. La mayoría de las personas con crédito excelente realizan el saldo de sus tarjetas de crédito antes de los ciclos de facturación para evitar pagar intereses. Sin embargo, si resta un balance de saldo al banco, este cobra los intereses mensuales y una tasa anual preestablecida, la cual difiere de acuerdo a la institución emisora.

Adentro de este grupo también están las Tarjetas Premier, las cuales son iguales a las anteriores, pero con límites mayores de crédito, además de ciertos tipos de preferencia. Estas pertenecen cada vez más a un reducido mercado de usuarios dentro del mercado, como lo son los inversionistas. Otro tipo son las Tarjetas Corporativas que se emiten a favor de una compañía o institución, igual a las tarjetas de crédito privadas, en las cuales se pueden adquirir artículos solo a favor de las compañías que posean las mismas. Claro está debe de transportar una serie de documentos requeridos al momento de hacer las compra, ej. Si usted trabaja para una compañía de electricidad y se dirige al mercado con la Tarjeta Corporativa, debe de llevar consigo un pedido o lista de materiales los cuales usted comprara a nombre de la compañía para la cual usted labora, en adición a eso el documento debe de llevar la firma del gerente, o ejecutivo donde usted trabaja, que fue la persona encargada de emitir dicha orden. No le permiten tomar una tarjeta corporativa para ir a Word Disney! Bueno por lo menos en la mayoría de las compañías, a menos que usted sea el dueño. ☺

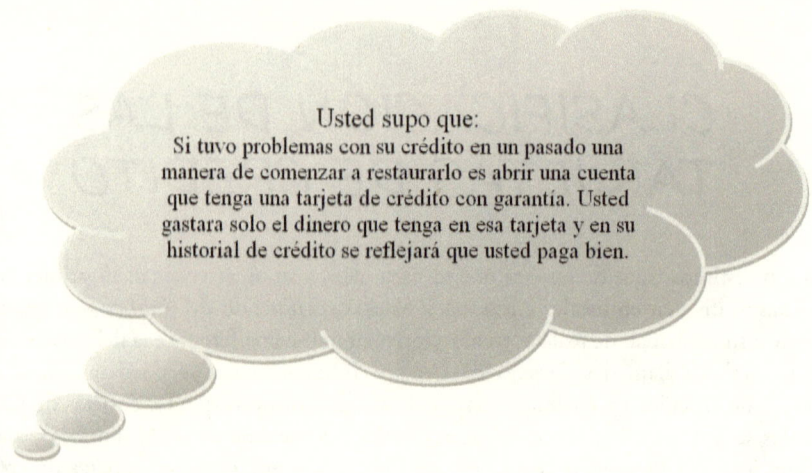

Usted supo que:
Si tuvo problemas con su crédito en un pasado una manera de comenzar a restaurarlo es abrir una cuenta que tenga una tarjeta de crédito con garantía. Usted gastara solo el dinero que tenga en esa tarjeta y en su historial de crédito se reflejará que usted paga bien.

La compañía Visa ha diseñado una nueva modalidad de tarjetas donde el usuario puede pagar por la compra de un bien o servicio mediante el débito inmediato, a través del banco a su cuenta corriente personal. Las confirmaciones de estos débitos se realizan electrónicamente, similares al sistema de las tarjetas de crédito convencionales. En efecto una tarjeta de débito funciona como una cuenta de cheques libre de papeleos.

De esta forma le ayudara a usted a crear conciencia sobre lo que debe de gastar y lo que no se puede gastar. Una tarjeta ATH/Visa le mantendrá al tanto de su dinero en la cuenta, si usted se excede del dinero en su cuenta la tarjeta efectuara un mensaje en el comercio de "decline" de esta manera usted se verá forzado a comprar solo lo que en ese momento puede comprar y no a gastar dinero que no posee en esos instantes. Las tarjetas ATH/Visa funcionan también para personas que tienen un crédito afectado pues le provee al cliente los mismos privilegios que tendría con una tarjeta de crédito, como por ejemplo: rentar un auto, comprar pasajes para algún viaje de improvisto, realizar transacciones en hoteles, etc.

Las tarjetas que son personales o intransferibles, son tarjetas individuales, el titular tiene el derecho y la responsabilidad de utilizar los servicios de la tarjeta y puede nombrar a segundas personas para que dispongan de ellas en transacciones con los diferentes comercios. Las personas autorizadas deben de utilizarlas bajo la autorización del titular, los riesgos y cargos de financiamiento recae sobre el titular de la tarjeta y no sobre la segunda persona a la cual se le haya brindado la oportunidad de utilizar la misma.

Las tarjetas conjuntas son otorgadas a dos personas o más. Ambas personas son responsables por las deudas y el manejo de la misma. No se compara esta tarjeta con la tarjeta individual por que solo el titular de la tarjeta individual es responsable de la cuenta. Las tarjetas conjuntas están basasadas en los bienes, ingresos e historial crediticio de las dos personas que la solicitan. Muchas veces, los matrimonios solicitan las tarjetas de crédito en forma conjunta. Tal vez obtengan más crédito, si solicitan una tarjeta de esta manera, pero serán más responsables por la deuda completa, aún en caso de divorcio. Hay personas que se lucran de esta situación, no estoy diciendo que todos sean malos, pero en el caso de un divorcio la deuda en su totalidad le corresponde a ambos, por tal razón es importante verificar esto con un abogado, ya que es la persona que esta legítimamente preparada para proveerle el mayor conocimiento sobre este particular.

USOS DE LAS TARJETAS DE CRÉDITO

Una tarjeta de crédito es un préstamo a corto plazo y son el método más popular de crédito personal sin embargo es el menos entendido. Se utiliza en medios electrónicos, cajeros automáticos, se usan como medio de seguridad cuando uno va de viajes para no tener que acudir al efectivo. Es mejor que en un viaje se le pierda una tarjeta de crédito que puede ser cancelada al instante, a que se le pierda el dinero en efectivo que no puede ser recuperado. Además le provee una protección personal contra accidentes en viajes.

Se utiliza también como requisito para brindar información del cliente a la hora de que esté desee solicitar cualquier otro tipo de crédito para adquirir algún bien o servicio.

Comodidad y Rapidez:
1. Le permite dinero en efectivo de los cajeros automáticos.
2. Facilidad de pagos de servicios a través del teléfono: agua, luz, teléfono, comida rápida.
3. Reservación de habitaciones en hoteles
4. Alquiler de autos.
5. Se acepta en un sinfín de establecimientos.
6. Se pueden utilizar para cualquier emergencia en los hospitales.

Cosas que debe de hacer:

1. Pague la cuenta de su tarjeta de crédito con regularidad. Se debe de pagar cada mes el total o la cantidad mínima al igual que paga usted el alquiler o cualquier deuda de importancia mensual.

2. Pague la cantidad hacia el final del periodo, es decir, entre la fecha en que realiza sus compras y la fecha en que comienza a correr el interés sobre el saldo. Asegure que su pago se efectúe antes de la fecha límite. Esto es equivalente a tener un préstamo de corto plazo gratis, sin los intereses.

3. Póngase en contacto con su banco si tienen algún problema con su tarjeta de crédito, por ejemplo si su estado de cuenta aun no le ha llegado o no puede realizar el pago mensual a tiempo. Asegúrese de comunicarse con su representante para dejarle saber sus inconvenientes, este le estipulara una nueva fecha de pago. Por lo general en los estados financieros de sus tarjetas se encuentran los números de teléfonos de donde debe de llamar.

PRESTIGIO Y ELEGANCIA

El cliente es considerado como una persona moral y económicamente solvente. Le confiere al usuario prestigio y confiabilidad. Le permite la verificación y el control del balance de los gastos realizados. Si usted hace un buen uso de su tarjeta de crédito esto le abrirá las puertas que le ayudaran a expandir su línea de crédito. Recuerde que el banco siempre visualiza los resultados del manejo de su tarjeta de crédito y los mismos son reflejados en su historial de crédito. Hay personas que han hecho un buen uso de su tarjeta de crédito, desde los primeros quinientos dólares ($500.00), el banco les ha ampliado su línea de crédito hasta unos treinta mil dólares ($30,000.00) y quizás hasta más, muchas personas han podido ampliar su línea de crédito de esta manera demostrando al banco que pueden manejar de forma eficiente el dinero plástico.

VENTAJAS PARA EL USUARIO

1. Se ofrece crédito inmediato en numerosos establecimientos de todo el país y de todo género para la adquisición de bienes y servicios, sin que exista necesariamente alguna relación entre el cliente y el establecimiento afiliado.

2. La sustitución de manejo de efectivo y el uso de cheques mediante la emisión de un solo cheque mensual.

3. Es mejor en la administración del dinero propio, por el control presupuestario, ya que con una sola fuente de información o estado de cuenta se puede detectar con facilidad los excesos en algunos renglones y así facilitar el manejo racional del presupuesto familiar.

4. El cliente no necesita portar grandes sumas de dinero, eliminando así los riesgos innecesarios y evitando problemas ocasionados por la no aceptación de cheques.

DESVENTAJAS PARA EL USUARIO

1. La pérdida de tiempo en la transacción mientras autorizan el crédito.

2. La posibilidad de que se haga fraude, robo o pérdida de la tarjeta.

3. Descontrol en gastos del cliente. Uso excesivo del financiamiento, lo que obviamente va encareciendo en forma creciente el costo original de lo comprado.

4. Pagar solo el "pago mínimo" mensual establecido. Si usted se dedica hacer esto quiero adelantarle que saldara su tarje de crédito en varios años. Saque cuenta y vera lo que le estoy diciendo. Ejemplo:

    Usted tiene una tarjeta que tiene una línea de crédito de $1,000.00 y usted la utilizo toda. Su pago mínimo es de $ 10.00 multiplique esa cantidad por 12 meses el resultado es $ 120.00 anuales lo multiplica nuevamente por diez años, y le dará $ 1,200.00 los otros 200.00 serán los cargos por servicio. Imagínese!!! Diez largos años pagando una tarjeta de crédito. Y esto es sin contar con los cargos por financiamiento.

IMPORTANCIA DE LAS TARJETAS DE CRÉDITO

En la actualidad, las tarjetas de crédito han jugado un rol crucial al aportar al desarrollo de las economías de los países más desarrollados; en la medida en que los consumidores llegan a tener mayores facilidades para la adquisición de bienes y servicios, igualmente va creciendo la demanda en los distintos sectores del mercado.

Otro aspecto que marca la importancia de las tarjetas de crédito es el hecho de que sirven para la adquisición de todo tipo de bienes de consumo masivo, llegando a formar parte significativa hasta del presupuesto doméstico de muchos hogares. Las famosas tarjetas de crédito han pasado a convertirse en la prenda más común.

Se puede decir que es un hecho, que de una y otra forma las tarjetas de crédito son uno de los instrumentos más eficientes para la agilización de la dinámica comercial; ya que se han constituido en un elemento casi indispensable para el manejo de todo tipo de operaciones comerciales y pasando a ser de este modo, ya no sólo un símbolo de status social o económico, sino un eficaz acompañante sustituyendo el dinero en efectivo.

También se puede concluir diciendo que las tarjetas de crédito permiten la realización de cualquier tipo de transacción comercial o adquisición de bienes o servicios a nivel nacional como internacional; además de que existen una amplia variedad de tarjetas destinadas a usuarios particulares.

SUGERENCIAS DE TENER Y CONSERVAR UN BUEN HISTORIAL DE CRÉDITO

Hay diversas maneras de mantener un crédito estable y bueno, le brindare alguna de ellas, en la medida que usted aprenda lo relacionando al manejo de su crédito le tomara un poco de tiempo para obtener los resultados deseados.

1. Límite el uso de tarjetas de crédito y no tenga demasiadas tarjetas esto le baja la empírica, trate de tener solo una o dos tarjetas, esto es de gran beneficio para usted. Para que necesita varias tarjetas de crédito que paguen altos intereses, si puede obtener una que pague un interés moderado con una línea de crédito con una cantidad potencialmente sustancial que cumpla con expectativas.

2. No compre lo que no necesite. Tener la mentalidad de comprar lo que no necesita porque se encuentra en especial y no lo va a conseguir nunca si no lo obtiene en ese momento lo puede colocar a usted en la categoría de un comprador compulsivo. Las personas que compran compulsivamente presenta problemas de crédito mayores a los que no compran con impulso. El comprador compulsivo siempre tiene que comprar algo, no importa que no lo necesite, obtiene las cosas solo por comprar. Y la mala práctica de comprar excesivamente puede resultar en acto vicioso, que puede terminar en una enfermedad de comprador compulsivo, como lo es el jugador impulsivo y todas las cosas que se hacen en exceso.

3. Seleccione las tarjetas que tengan tasas bajas y que no tengan una cuota anual. Evite los pagos altos de sus tarjetas!!! Evite los pagos mayores del diez 10% de sus ingresos mensuales. Trate de pagar mensualmente la totalidad de los saldos de sus tarjetas de crédito, y si no lo puede hacer, trate de pagar más del mínimo establecido. Si usted paga todo el tiempo la misma cantidad mínima saldará la tarjeta en veinte años!!! Saque la cuenta… recuerde el ejemplo que le di en capítulos anteriores.

4. No compre con su tarjeta de crédito artículos que no estén en condiciones de adquirir, para que comprar un artículo que este en desperfecto, conozco gente que si lo hace, y los nombro los compradores compulsivos.

5. Pague en o antes de la fecha de vencimiento, esto reducirá la cantidad que usted paga en sus interés. Y le crea la fama de "buena paga" y créame que con esta reputación se le abrirán muchas puertas.

6. Manténgase siempre dentro de su línea de crédito, no se exceda. No se deje llevar por la tentación de los vendedores y por el poder de la publicidad que nos impulsa siempre a comprar y comprar. Recuerde que, usted sabe del día de hoy y de lo que acontece pero no saber del día de mañana ni de lo que pueda pasar en su futuro.

7. Tratar de no utilizar por lo menos un 15% del crédito disponible en su cuenta, le puede ayudar a tener siempre una reserva en su tarjeta de crédito que puede ser utilizada en casos de emergencias.

8. Otro mecanismo que es bien utilizado y brinda excelentes resultados, es tratar de llevar un registro de todo lo que adquiera con sus tarjetas de crédito y trate de verificar el mismo con su estado de cuenta. Al principio es un poco incomodo acoplarse a este sistema debido al tiempo ajetreado en el que vivimos, pero sí aprende a manejar su registro se le facilitaran más las cosas.

9. Si usted tiene un buen crédito no le preste su tarjeta ni le saque una tarjeta a una persona que tiene un crédito por debajo del suyo. Esto es un arma de doble filo. Por un lado es bueno, ya que la persona que tiene un crédito menor al suyo se puede beneficiar de usted para obtener buenos resultados, pero tenga presente que si la persona continua con la mala práctica de utilizar su crédito de una manera irresponsable será usted quien se vea perjudicado. Entonces no habrá crédito ni para uno ni para el otro. En capítulos anteriores de este libro, le hago referencia a lo estipulado anteriormente.

10. Siempre trate de ahorrar algo, esta es una buena práctica a corto y a largo plazo, pues le brinda un mejor margen de sus ganancias. Utilice siempre una cuenta de ahorro que no pueda obtener el dinero al momento y si en un año, como los son las vacation's club y las chistma's club. Este tipo de cuenta esta diseñado con ese propósito, de obtener el dinero dentro de un año para casos y cosas específicas, como obtener unas merecidas vacaciones junto a sus seres queridos, o para la compra de regalos, saldo de algunas cuentas en el periodo navideño, recuerde que es usted quien le da la definición de lo que sería especifico. Trate de separar su cuenta de gastos regulares y ordinarios de su cuenta de ahorro, esto le ayudara a ahorrar más dinero y tendrá un control monetario absoluto. Tenga presente que tratar de ahorrar en una cuenta donde el flujo de dinero es

intermitente, no se puede precisar a simple vista que cantidad de dinero es la ahorrada mensualmente. Por ende es bien importante intentar aprender el buen hábito de tener una cuanta de ahorro, como lo es todos lo que usted considere un buen hábito.

Realice una lista de las prioridades que acontecen en su crédito. Ejemplo: si tiene un crédito moroso, limitado o simplemente no tiene ninguno, trate de buscar la forma para cambiar la rutina de su crédito. Recuerde que si desea lograr resultados diferentes a los que tiene en este momento, tienen que dejar de hacer las mismas cosas, como lo es pagar las cuentas después del periodo establecido, etc.

En todo el libro trato de establecer el concepto de lo que es conseguir un buen historial de crédito y de aprender a manejar el mismo. Lo que he escrito hasta ahora es un cuadro teórico de lo que sería el manejo de su crédito. Pero recuerde que es usted quien en la práctica puede alcanzar los mejores resultados.

QUE HACER EN
SITUACIONES DIFÍCILES

Primero conserve la calma, y pídale a Dios, Señor, Jehová (o como usted en su religión le llame a nuestro creador) que le ilumine. Pídale sabiduría, y créame que la obtendrá.

Busque orientación primero con sus acreedores para ver si le pueden refinanciar su préstamo. De esa manera los meses que están en atrasos se corren para otras fechas, tenga presente que esta opción es favorable para eso, y le puede servir de mucha ayuda. Un presupuesto es una guía, un mapa a seguir de cómo se deben de hacer las cosas en su hogar para poder amortiguar las deudas y llegar en la eventualidad a poder ahorrar.

Tenga cuidad, sus acreedores siempre como vendedores de servicios que son, están muy pendientes de quienes son sus prominentes clientes, y siempre están investigando sus cuentas a sus espaldas, para ver cómo es usted como cliente, de esta manera le llaman cuando usted no los necesita para hacerle una oferta que a veces es tentadora. No caiga en su trampa y manténgase firme en sus decisiones, si usted decidió terminar de pagar ese préstamo hasta saldarlo pues hágalo y no eche para atrás. Si tiene una buena puntuación en su crédito le sorprenderán con tarjetas pre-aprobadas en su buzón, tenga en cuenta de que se las envían sin que usted las solicite para ver si usted se sigue endeudando. Recuerde ellos están para vender un servicio, y no dejar ir al cliente es de esta manera que obtienen dinero en las renovaciones y hasta les dan premiso a los acreedores que obtengan en un tiempo determinado la mayor cantidad de renovaciones de prestamos. Tenga en cuenta que si usted se deja llevar por ellos nunca saldrá de sus ¡garras!

En adición tener un préstamo por un tiempo determinado de tiempo le limita a usted a ahorrar ese dinero que estará mejor invertido en una cuenta que genere interés.

Valla donde un contable el es un buen recurso para orientarle mejor con relación a su vida financiera. El está capacitado para decirle que debe hacer para que su dinero crezca o qué tipo de movimiento debe realizar y qué prototipo de riesgos tendría usted si realiza X o Y transacción.

Otro recurso es un planificador financiero que no es lo mismo que el contable, la palabra lo dice planificador, es esta persona que realiza planes para un futuro próximo. Ya sean a corto o largo plazo. Le dará una idea de cómo realizar un plan financiero, esto le ayudara a ver dónde va dirigido su dinero. Tendrá un marco más preciso y una idea más clara de donde están sus gastos y como se gastan sus ingresos. Le otorgará consejos valiosos que debe de llevar a cabo para poder salir de situación. Aprender de este tipo de persona es bueno, porque le ayuda a usted en su vida a tener un poco de más orden con relación a sus finanzas.

En el momento que usted aprenda a manejar su crédito de la mejor manera posible tendrá más oportunidad de disfrutar de otras cosas en su vida. Recuerde que el crédito es un privilegio tenerlo y un desperdicio no tenerlo. Con el se pueden obtener la mayoría de las cosas materiales que a usted le causan satisfacción y felicidad. Ejemplo la casa o apartamento de sus sueños, hacer negocios, el carro que más a usted le guste, (tan bueno que es tener un carro que a uno le guste porque uno lo paga todos los meses con esta única cara de felicidad☺) En fín!!! La lista la sabrá usted más a cabalidad, pues es usted quien conoce sus gustos.

Tenga en cuenta como están las cosas en su núcleo familiar, si ve que su conyugue algún hijo o pariente cercano necesita ayuda para mantenerse financieramente estable, provéale orientación hay muchas manera de estar bien informados hoy en día, para eso están los libros o la internet, la información está más accesible. No se queden con dudas, tener un crédito deficiente es como una enfermedad contagiosa, recuerde eso siempre.

REALIZAR UN BUEN PLAN DE ADMINISTRACIÓN FINANCIERA

Una manera bien eficiente de controlar los gastos personales es pensar que usted es una gran empresa. Y el funcionamiento de las empresas va dirigido por lo que se conoce como Presupuesto de Gastos y de Ingresos. El equilibrio entre los flujos financieros, ingresos y egresos, le permiten a usted gozar de una salud económica en las finanzas personales, además de gozar de cierta tranquilidad emocional.

Los gastos regulares y extraordinarios que se realizan en el hogar, le permite tener una idea clara de los recursos que se disponen para hacerles frente, permite identificar aquellas áreas que necesitan ajuste porque pudiese ser que se está gastando demasiado.

Los desequilibrios en el presupuesto familiar acarean mucha frustración y dolores de cabeza. Uno como persona ni funciona igual, y hasta a veces trae consigo enfermedades. Lo ideal sería incrementar sus ingresos, pero en la manera que esto ocurre, hay que ajustar los gastos y esto se hace reduciendo los mismos.

Cuando se tienen identificados los consumos menos necesarios, el proceso de equilibrar las finanzas personales es menos traumático. Algunas sugerencias le ayudaran con esto. Si ya se excedió en sus gastos, haga una relación de sus compromisos de pago, y atienda aquellos que financiera y legalmente le pueden dar un dolor de cabeza si no los atiende con prontitud como lo son la casa y el auto dos cosas fundamentalmente primordiales en la vida de los seres humanos. En caso de que los recursos no alcance, se recomienda realizar pagos parciales para que el atraso no aumente y se vea afectado en historial crediticio.

Ejemplo:

Si usted tiene varios prestamos atienda primero el más atrasado que esta, intente primero hablar con el acreedor para ver si usted puede refinanciar el préstamo o tarje de crédito, corriendo los meses que estén en atraso. Si ya lo intento y su acreedor como a veces ocurre le hostiga para que usted pague todos sus atrasos al momento, entonces acuda a lo que mi padre dice: ¡quiebra boricua! Consiste en pagar solo lo que usted en ese momento pueda pagar. Ejemplo: tienen un préstamo que paga 120.00 mensuales pues pague nada más que 50.00. Usted no se esta negando a pagar, usted está pagando mensualmente, que no puede hacerlo según lo estipulado en el contrato, por que está pasando por un mal momento, es otra cosa. Esto es lo que hacen los síndicos de quiebra por usted, después de pasarlo por la humillación de presentárselo a un juez como toda una mala paga.

En la actualidad hay personas que se encuentra pasando por un proceso bien difícil, ya que no pueden disfrutar a plenitud de su crédito. Quiero que sepa que hay solución a su problema, un nuevo comienzo no vendría mal. Ya sea una quiebra, o cuentas a perdidas, casi todo tiene solución en esta vida mi querido lector. Lo relacionado al crédito se puede solucionar. Siempre y cuando halla salud, y trabajo estas son las dos segundas cosas esenciales en la vida de un ser humano, salud, y trabajo, para mi Dios primero.

Busque orientación, y luego de esta orientación busque la ayuda necesaria, no se quede con esto. Dese la oportunidad de buscar ayuda financiera el que busca auxilio puede sobrellevar cualquier tipo de crisis no deje que su barco se hunda actúe ya y hágalo ahora mismo. Permita que personas más expertas que ya han pasado por problemas similares de crédito, le den la mano. No se quede así, no lo deje para después, ¿por que dejar para mañana lo que se puede hacer hoy? ¡No cree!

Tenga siempre en mente un plan de acción, que lo involucre a usted y su pareja. Estadísticas de divorcios en Puerto Rico y hasta me atrevo a decir mundialmente, la mayoría son por problemas económicos. Cuando ambas personas se casan crean lo que se conoce una sociedad de bienes gananciales, y esa sociedad se convierte en un solo ente jurídico, es demandadle en conjunto, no puede ser demandada separadamente, se demandan ambos. Y cuando uno tiene mal crédito por lo general y por tendencia arrastra al otro. Recuerde mal crédito sinónimo de enfermedad contagiosa. Yo le exhorto que verifique bien sus finanzas y como esta su crédito antes de casarse por que no todo en la vida es amor. Claro esta no dejara pasar al "amor de su vida" porque tenga un crédito mediocre, solo que tendrá que trabajar en ajustar unas cuentas para que no caiga en la tentación de dañar el suyo también.

Cualquier persona tiene la capacidad suficiente para obtener todo lo que quiere y para sobrellevar las crisis económicas sabiamente.

NO TODO ESTÁ PERDIDO

Hay personas que se dedican a restaurar el crédito, y lo hacen bien, de una manera responsable necesitando demasiado de usted para poder llegar a la meta. Restaurar el crédito es sinónimo de pagar deudas. Es responsabilidad y aprender a obtener solo las cosas que puede comprar en ese momento, si estuvo pasando por una situación cualquiera que fuese en ese instante es hora de tomar el control y tratar de reponerse con la mejor actitud positiva. Nada de cosas negativas, siempre en la vida crediticia se puede comenzar de nuevo y con mejor experiencia luego de haber obtenido el mejor aprendizaje.

Dedíquese a la búsqueda de información de qué manera usted puede obtener un excelente historial de crédito. Preséntele sus problemas a las personas que son consejeros financieros, planificadores de futuro, abogados de quiebra, estas personas le brindaran todo el apoyo, para que en sus planes futuros, usted pueda obtener la mejor calidad de vida que siempre ha soñado para usted y sus seres queridos.

www.ingramcontent.com/pod-product-compliance
Lightning Source LLC
Chambersburg PA
CBHW022126170526
45157CB00004B/1768